打造頂尖
DNA
用冠軍思維縮短成功的捷徑

Contents

Contents

．．．．．．．．．．．．．．．．．．．．．．．．．．．．．．

第五章 如果成功只有一個關鍵字：那就是實戰

閱讀好書，豐富生命價值

桃園市長　鄭文燦

鄭文燦

　　隨著數位時代來臨，影音的體驗逐漸多於文字閱讀，人們透過網路即時互動的機會也越來越多，反而縮短了閱讀思考的時間。閱讀是一個人的文化底蘊，在現今社會中更是提升自己很重要的一個關鍵，透過閱讀產生思考，藉由文字表達思想，讓論述更加清楚，不會因網路失去重要性。因此，在公務之餘，我也非常喜愛閱讀好書，讓生命價值更豐富、與人互動更多元、更有內涵。

　　很高興看到我們桃園優良保險團隊的梁家銘經理出版了這本書，分享了自己從事保險的心路歷程，以及很多寶貴的待人處事經驗。在這本書中，不僅有啟發智慧的心法，還有快速上手的技巧。我相信透過這本書能幫助更多人建立正確的觀念、找到成功的關鍵秘密。在此，期待各位讀者能藉由閱讀擁有自己的一片天空、活出精采的人生！

超越勝負，創造不同人生

邱奕勝　桃園市議長

邱奕勝

「如果選擇成功之路，旅程是非常辛苦的。我們必須格外小心留意方向；有時候，我們可以停下來欣賞美景。我們一直往前，但是路途上人們會一起加入我們的旅程。當我們的生命結束時，那些與我們一起走在成就感之路上的人們將在我們的旅程終止後，繼續前進，也鼓舞其他人加入這趟旅程。」

很高興看到我們桃園優秀保險國泰人壽新屋團隊的梁家銘經理出版了這本書，分享了自己從事保險的心路歷程，以及很多寶貴的實戰經驗。在這本書中，不僅有啟發智慧的心法，還有快速上手的技巧。我相信透過者本書能幫助更多人建立好的觀念、找到冠軍的關鍵秘密。在此，期待各位讀者能藉由閱讀，創造精采的人生！

擁有冠軍思維，就是走向冠軍之路

國泰人壽北區營運管理部胡榮新副總經理

胡榮新

　　頂著台大碩士畢業光環的資優生，為什麼會選擇從事保險業？這是我聽過許多人對家銘的第一反應，然而，若從中細究他如何決定成為業務，並一步步往前向上，邁向頂尖業務的歷程後，你應該會翻轉這樣的想法，覺得他是做了明智的選擇。

　　我看著他一路走來，發現他有些獨特之處，用著擁有高學歷的特質及思維，在從事銷售上有了加乘效應。如同他在求學過程的自我要求，也將其追求優異的精神應用在業務事業上，跳脫框架思考，用冠軍思維打造頂尖的自己、打造冠軍團隊。

　　從事這個門檻相對不高的行業，看似簡單，卻不完全是一件容易的事，除了維持，更是要不斷精進，成為翹楚。這本書不論

是對於甫進保險行業的新人，抑或是已有相當資歷的業務員，甚至已是領導者的優秀經理人，我認為都有相當大的幫助。你可能有著優異的成績，抑或可能你尚不知如何起步，或是遇到瓶頸撞牆期迷惘中，皆可以一同探究家銘的成功心法。

我在保險業多年，其實「業務」即是一項與人有密切關係的行業，從事這行業，成功的要訣就是「用心」。舉凡從基層的業務在面對客戶，乃至成為領導者帶領下屬，用心絕對是成功的重要心法。家銘用他自初進保險業的經歷，分享他如何從自己銷售、到增員，乃至成為經理人帶領團隊從末段班到中段班並不斷往前，在每個階段都能有出色的表現。

家銘不藏私的分享其「交心、堅持、陪伴、學習、實戰」五大成功心法，並且鼓勵大家跳脫框架、逆向思考，不只優異，更要追求成為頂尖。以此五大要領，相信各位讀者無論在哪一項行業都能暢行無阻，邁向成功頂尖！

成功！有沒有方程式？

梁懷之

Jackie Liang
JACKIE LIANG

　　與家銘認識十多年，我們有許多共同之處，例如：我們都姓「梁」。例如：我們都在很年輕時就開始做業務，並在個人銷售上都取得傲人的成績。例如：我們都被所屬公司派到海外，負責發展、帶領銷售團隊，亦取得相當優異的成績。例如：我們都喜歡學習，所以常常相約一起報名上課、聽演講 ...。但是，有一點是我們南轅北側的地方，那就是家銘是頂著台大碩士畢業高學歷的光環，而我卻不是一塊唸書的料。

　　我在香港擔任資深業務經理期間，增員、領導過上千位業務，我發現一個很好玩的定律（不是絕對），就是銷售做得很出色的人，通常在學生時代不太會唸書；而很會唸書的人，重視理論，通常做業務很快就陣亡。但是在家銘身上，我看到一個與過

往經歷完全不同的結果！就是～一個很會唸書的人居然在銷售這個行業也可以做得如此出色！

是家銘天生就很會銷售嗎？
是家銘天生就很會增員嗎？
是家銘天生就很會領導嗎？

絕對不是！我在第二本著作「為什麼你的團隊不給力」中有提到，在銷售這個行業，你根本不需要擔心經驗不足、能力有限、年紀太輕、可能犯錯 ...，因為沒有人是天生的高手，具備成功的銷售能力與領袖特質，是可以靠後天學習培養與實戰而來。

所以家銘在本書的第四章與第五章所提到的「如果冠軍只有一個關鍵字：那就是學習」與「如果成功只有一個關鍵字：那就是實戰」就是貫穿所有成功要素的關鍵，如果成功有方程式？那「學習」與「實戰」就是這個方程式的起點與終點。家銘雖然頂著高學歷，但是從未停止過學習、也從未離開過市場，所以家銘在團隊中帶領學習、帶領衝鋒陷陣，積極打造一個學習型與實戰型的組織，因為當領導者持續學習、並站在市場的浪頭上，才能不斷拓展視野、提升自我格局，也才能具備魅力吸引優秀的人才加入，所以持續的自我學習、帶領部屬一起學習，並到到市場上

實戰，就是所有功夫的起手式。

　　而本書的第一到第三章所談到的交心、堅持與陪伴，就是整個銷售、領導的靈魂～也就是「用心」，因為無論是銷售、增員還是領導，我們面對的對象都是「人」。也就是銷售如果除去了「交心」這個催化劑，再好的產品也很難賣的出去；如果增員、領導團隊只是想著賺錢，而不是像家銘講的：以「堅持、用心、成就他人」作為出發點，那路只會越走越窄、團隊越做越小；如果領導者不願意以身作則，用心陪伴帶領團隊一起變得更好，怎麼讓團隊心甘情願地全力付出？並且一起突破困境！所幸這些所有成功的方程式，在家銘的書裡都可以一窺堂奧。

　　我們都知道銷售這個行業不是一個容易的工作，所以我們可以看到，雖然每年都有那麼多人前仆後繼地加入這個行業，但成功的人卻寥寥可數，為什麼？那是因為這些人沒有找到銷售行業的「成功方程式」。很高興家銘將個人成功的經驗集結成書，將複雜的成功方程式濃縮、簡化成五個關鍵態度與能力「交心、堅持、陪伴、學習與實戰」，可以幫助我們在奮鬥的過程中，少走非常多的冤枉路。所以，如果你也想在銷售行業發光發熱，快速找到「成功的方程式」，並且容易複製，那本書無疑是你最好的導師。

梁懷之 Jackie 老師

現職：

教育訓練講師 16 年

經歷：

美商寰宇家庭（香港地區）資深業務經理 10 年

粉絲團：Jackie Motivation

著作：

1. 成交在見客戶之前 - 成為頂尖業務的五項修煉

2. 為什麼你的團隊不給力 - 帶人不帶心，憑什麼衝業績

簡單相信，就能勇者無懼

呂翊榮

保險業出類拔萃的人才很多，能讓人如沐春風的很少！

保險業能得冠軍的人才很多，能在兩岸三地，國內第一大金控保險集團，長期第一名的，寥寥可數。

梁家銘雖然畢業於第一學府台大，雖然長期拿到公司冠軍榮譽，卻完全沒有絲毫驕氣與成功後的「架子」，反而更加平易近人，虛懷若谷，虛心向學！

這本書，就是家銘個人職涯與做人風格的寫照！非常合適領導者與初心者閱讀，洗鍊的文字，簡單生動的例子，讓人印象深刻！梁心建議，更讓讀者容易聚焦！

我個人長期從事教學工作，在各大金控與保險公司從事教學工作，也擔任許多公民營機構的講座，高資產客戶的諮詢規劃顧問。經常面對學員或單位領導者各式各樣的問題，大抵于本書中都能得到充分解答！

　　家銘領導單位風格，以及本書可以觀察習得：

　　1. 培養面對不確定因素的自信與應變能力
　　2. 以學習領導，以學習分享，以學習行銷
　　3. 大量閱讀累積知識充實內在
　　4. 奉獻利他，建立歸屬感
　　5. 培養獨立思考與中心思想

　　僅摘要個人觀察學員常見提問應答，呼應本書內容如后：

　　◎一個做保險的學生問「老師，我常感覺到很焦慮疲累，心裡充滿業績恐懼，不知道該怎麼化解？」

　　大抵人感到恐懼有幾個因素：
　　未知，不確定因素，
　　害怕，競爭力不足，
　　匱乏，收入不穩定，

孤獨，不再被需要，
空洞，缺中心思想。

◎未知，每個人共同都要面對。

但有些人氣定神閒，因為生命有規劃！
日復一日，按部就班在走！
「隨遇而安」是一種人生態度，
卻也是自信與機變能力的展現！

診斷：工作生活缺乏規劃與目標！

◎害怕，怕失敗，能力不足夠……
恐懼是最好的朋友！它能提醒你，多做準備，小心謹慎。
競爭力的來源，來自於平日的準備與經營。
不是上一堂課，認識一個人，就能完成！
「持續充電」不與大環境脫節，還能游刃有餘。

診斷：斧頭不夠利，腦袋不給力，需要多充電！

◎匱乏，匱乏的心，比匱乏的口袋更可怕。
很多人擔心收入不足夠應付生活，所以兼任多份工作。

但如果沒辦法從兼任的工作中，累積經驗，建立人脈，
如同鐵籠裡「老鼠轉圈」的結果就是
筋疲力盡。擔心各種事情做不好，以至於收入不穩定。
★★收入是，心與能力展現的正常結果！★★

診斷：養成閱讀習慣，親近各界善知識。

◎孤獨，來自缺少「利他」思維！
願意為眾人奉獻，不求回報，
常常被人請求，投入付出，
自然有人回饋奉獻關心，獻上關心鼓勵。

診斷：投入單位運作與活動參與，自然有歸屬感！

◎空洞（虛），來自缺乏中心思想。
企業有企業文化，人有中心思想！
無論是價值觀，處事態度與哲學，都是！
例如「金錢至上」「奉獻無我」都是！
空洞反映的是，
不知道自己要幹嘛？
不知道自己能幹嘛！

診斷：靜下心來想自己人生的最終目標，之後鋪排中間的過程，自然感到踏實快樂！

　　我講了半天，學生似懂非懂，我也口乾舌燥！
　　打字留底，請他以後自行參考！

　　◆結論：閱讀完這本梁家銘樸實的冠軍心法，了解面對新時代變局應該具備的競爭力與恆毅力，透過學習改變自己，擴大影響眾人，成功就只是水到渠成！

　　呂翊榮
　　1.現任弘育企管顧問公司執行長
　　2.多家金融機構教育訓練顧問講師
　　3.公民營機構諮詢顧問與講座
　　4.高資產客戶資產與稅務規劃顧問

成為頂尖業務的「梁」藥處方

梁家銘

　　成功並非改變自己成為他人，而是要知道該如何發揮自己的專長。有句話說「天生我才必有用」，每個人都有自己的天賦，因此當我們了解自己的才能，自然可以掌握成功的關鍵。

　　這本書就以我自身的經歷為範例，提供一些提升自己能力的心法與實務經驗，希望藉此找出適合各位讀者的模式。雖然我的台大學歷背景常常成為眾人的話題，然而一開始並非助力，對我來說反而是阻力，不過有句俗語說得好：「山不轉路轉，路不轉人轉，人不轉心轉。」外在的環境並非我們所能掌控，但是面對環境改變，或是迎向挑戰時，只要心念一轉，便能豁然開朗。

　　事實上，我也時常勉勵我的團隊，工作上總是會遇到問題，這時候不是將焦點放在負面思想上，而是應該轉念到正面能量，以一顆積極的心解決煩惱，或許不是馬上就能做到，但是常常練習，一回生兩回熟，久了自然也能成為習慣。因此，我認為除了

要給團隊優良的工作環境，也要帶給他們良好的工作心態，這是領導者能夠成功的一大特質。

回想自己在保險生涯中，一路上獲得許多貴人相助，才能有今日的成果，特別感謝國泰人壽帶過我的主管及照顧我的同事們，還有家人及幫助過我的同學和支持我的客戶們，有他們的協助及幫忙才有今天的我，能夠寫出這一本書。

最後，我希望把十五年來這些獲得的知識寶藏，能夠透過這本書幫助更多從事保險業務，或其他領域的業務朋友，祝福大家築夢踏實，在你的領域做到頂尖，讓生命發光發熱。

第一章

如果**業務**只有一個關鍵字：

那就是交心

1-1 放下自尊，才能得到尊嚴

「你有被台大碩士的業務服務過保險嗎？」身為台大人，頂著明星學府的光環，除了自身有著滿滿的自信，更是家人的榮耀。從小孜孜不倦勤學苦讀，進到了到台灣第一學府，成為多數人眼中頂尖優秀的菁英，理所當然應該要有鴻鵠大志，這也是社會給予的框架。

普世對於台大高材生的既定投射應該是坐在辦公室吹冷氣領高薪的白領，多數人對於所謂「台大的高材生」也報以遠高於對其他一般大學畢業生的「厚望」，怎麼會去當一個四處拜訪的業務員？然而，誰說台大畢業生，就不能成為頂尖保險業務？我們的生命，只有自己可以定義自己！

在生命轉彎之處

「台大碩士畢業的菁英，來做保險會不會太浪費？」這幾乎是客戶聽到我的學歷背景的第一個反應。從我決定進入保險這一領域，所面對的就是一連串的質疑聲，這樣的質疑除了打在我的臉上，更是落在父母的心中，也不經意的在自己的表情中流露。在傳統社會價值觀裡，從事保險業跟我的學歷呈現明顯的「違和感」，畢竟這是個進入門檻不高的行業，並不需要高學歷或者是專業技術，只要有努力、有持續力，人人都可能是超級保險業務員。因此，剛進入保險業的我並不敢對別人提及自己為台大畢業的碩士，因為客戶對我的學歷總是比對保單的內容更感興趣！

其實，擁有台大生物化學碩士背景的我，一開始的第一份工作並不是現在所從事的保險業，而是藥廠研發工作。那份工作的內容和壽險業是完全不同的領域，更是符合社會與家人的期待，不僅工作穩定，薪水在一般人眼中也相對優渥。然而，當時沒有理財意識的我，過著領多少花多少的「寬裕」生活。直到有一天看了一本理財書才讓我驚覺，在一般社會價值觀理所謂的「好工作」，平均年薪就是百萬左右，也就是說，一輩子辛辛苦苦積攢下來的錢，如果用於購房、買車已經是告罄，更別談及退休之後的生活安排，或者是想要從事較為高檔的休閒活動，連帶著家人一起出國都可能是個奢侈的夢想。

如果業務只有一個關鍵字：那就是交心

於是，「理財」的念頭，觸發了我開始對於人生有了另外的想法，也是我開啟另一扇窗的出發點，當時的我認為應該要好好學習理財的相關知識，剛好此時有一位對理財有一番研究並且從事保險的同學邀請我參加一場講座，由於想要學習理財的動機，因此馬上就答應參加。在講座上，我發現保險跟我想的不一樣，原來這是一個非常專業的領域，也讓我開始思考未來的人生規劃。在與同學了解更詳細之後，我便一腳踏入國泰人壽的碩士精英班，至此走上從事保險這條路。

心中的熱度決定人生的高度

　　對於我投身保險業，一路拉拔栽培自己不遺餘力的父母，當然是強烈的反對。不僅是力勸自己不能從事這個工作，甚至告訴周遭的親友不要跟我購買，等同於斷掉所有保險業務新手最容易接觸到的第一手資源……家人及朋友。於是，剛入行的我，沒有親友的資源可以運用，又不是很懂保險相關專業，業績狀況自然不是很理想。

　　在我進入保險業之前，家人從未簽訂任何一張保單，雙親縱然有多餘的資金投資股票或基金、定存等理財商品，保單這一個選項卻從未在父母的人生出現過，即便是人身保險也不在考慮範圍內。後來在面對台大畢業的兒子決定去銷售保險，對保險更是

高度排斥，而那時放不下矜持的我，始終抱著「試試」的心態，第一個月業績掛零，心裡不斷徘徊在「我是台大畢業的，做保險真的好嗎？」的自我質疑中。當時我只給彷徨又尷尬的自己三個月的時間，心裡的念頭是，只做三個月，如果可以就繼續，如果真的做不好，那就再思考未來該往何處去。

看著這樣子的我，你是不是也有著似曾相識的熟悉感？或許我們的故事不盡相同，但是，多數踏入保險業的人，除非內心堅定，否則，經歷過的心境大多雷同。相信不知道為什麼進入保險這個行業的夥伴，都曾經歷這樣的「亂無頭緒」的階段，對自己的未來茫然，對自己的現在感到空虛，完全找不到動力。

然而，**這世界上真正的浪費**，不是身為台大碩士去從事進入門檻低的保險行業，而是**把時間花在無法帶給自己理想未來的工作上**。

或許是天生就有一股傻勁，雖然在這三個月中，尚未釐清自己真正想要投身保險事業的動機和信念，但是依然秉持著認真學習的態度、踏實地做著公司交辦的事情。在我還找不到一個堅定的理由支撐我大步向前時，因為本身的個性使然，終於漸漸地找到自己對生命的熱情。通常部分保險公司的新進人員，由於並沒有具備相關的保險業務行銷經驗，所以往往都會從擔任保險公

司指派孤兒保單「業務員離職」的承接者作為學習服務保戶的開端。在那個還需要靠人工收費的年代裡，必須要挨家挨戶地邀約並去收取保費與服務客戶，而在這個過程中，一次的收取保費經驗，成了確立我對保險堅定信念的開始。

猶記當時，我到了一間收入與生活環境都欠佳的家戶收取保費，那位大姊說自己的先生因為氣胸必須插管的緣故，五年便花掉了將近八百萬的醫療費用，幸好有保單幫忙，心裡很是感謝，口中還唸著「你知道嗎？保險真的很重要！以前總想說這樣的事情不會發生在我身上，我又不是算命的，現在才覺得當初業務員怎麼不提高我們的保費，早知道就多買一點。」

「我媽說我是拉保險的，讓我覺得丟臉、抬不起頭來。」我對大姊說。

「怎麼會！你知道嗎，你是可以將一個不幸的家庭從這樣的萬丈深淵中拉起來，你怎麼會說做保險是件很丟臉的事情呢？」

映入眼簾的是因為生活的窘迫而憔悴疲累的臉龐，我面對這景象心中冒出酸楚，但大姊眼睛閃爍的激動是那樣的真實，臉上感謝的笑容誠摯地綻開，她的話如醍醐灌頂澆醒了我，霎時間讓我突然明白了保險的功能。做保險是一個天使的事情，那旁人眼

中看不上眼的工作卻能夠拯救一個家庭的幸福，原來自己做的事情並不是微不足道的小事，我替客戶的規劃能夠讓他們的家庭避開風險，保險是可以拯救無數人家庭的重要保障。於是，我堅定相信自己做的事是對的，是可以助人的，是值得我全心全力去投注的。

堅持自己的選擇

面對生命的挑戰，你看到的是危險還是機會？「轉念」就是讓未來轉危為安的關鍵，當我意識到我在做的事情不是「拉保險」，而是正在做一件足以影響許多家庭的事情，是非常具有意義且值得我全心投入的時候，我就越做越順了。第一個月零業績的我，在第二個月的業績就已經順利達標，之所以有這樣大的轉變，是因為聽了大姊的話，讓我開始重視家人的保障，於是我做了一件事情，便是為自己跟家人「買足保險」。

接著，還是生澀新手的我在第三個月便達到了公司設定的**創新績效**。對於一個剛入行的新人來說，能夠達到「創新」是一個莫大的肯定。我知道我選對了，也做對了，身為保險人的自信油然而生，在此時，台大碩士畢業生的包袱，也已經在不知不覺中被我輕輕放下了。

回顧整個過程，我從緊抓著自尊不放到放下尊嚴，從不確定的姑且試試到堅定自己的信念，這一切都不是平白發生的。我相信從事保險這個行業遇到反對的人不是只有我一個，有的人繼續堅持、越走越堅定，而有的人則放棄這條路決定轉行，這並沒有好壞對錯，一切都只是選擇。我在堅持當中學到了，如果我們把一直用力捏在手裡不放的無謂自尊拋棄，那麼空出的手將迎接未來所有無限的可能。

　　一路走來，每年都有夥伴問我，面對父母家人的反對，有沒有比較好的處理方式，我都笑著說，「你什麼都不用說，只要把賺到的錢拿回去就好。」

　　Action speaks louder than words.事實始終能夠證明一切，當自己做出一番成績，所有當初的阻力都會變成認可。但在那之前，必須得要能夠放下自己對自己的設限，問問自己，你夠了解自己嗎？你為什麼想要做保險？**對自己有足夠的了解，才有應對未來所有挑戰的能力，對自己的初衷有足夠的明確，才能有面對未來所有困難的熱情。**接下來，只要放下所有的「我執」，一路堅持信念往前，理想的未來就在不遠的前方。

業務祕訣無他，放下自尊就會得到尊嚴，並且始終相信發揮自己天賦的可能永遠掌握在自己手上，因此如果業務只有一個關鍵字，那麼就是「交心」！

梁 心 建 議

對於甫踏入保險行業的新夥伴，無論起心動念是什麼，你不一定要一輩子從事保險這一行，但是在決定進入之前，先確認好自己的信念，因為那將是你熱情的燃料。對於已經在保險行業耕耘一段時間的資深夥伴，如果一直以來都是拼命在經營，卻從來沒有好好想過究竟為什麼自己能夠一路走來無畏風雨，也請從現在開始，好好與自己談談。

1. 我想過的理想生活是什麼？從事保險可以帶給我理想生活嗎？

2. 我的人格特質是什麼？我願意突破成長嗎？

3. 我有多想做保險？我想成為什麼樣的保險從業人員？

4. 從事保險，我想帶給我的客戶什麼？

5. 叫我們起床的不是鬧鐘，是夢想。但你的夢想是什麼呢？

保險之路要能久長，在跨出第一步的時候，請務必：**釐清自己的初衷，並始終堅定相信著。**

先忘記成交才能成交

從事業務工作，總是有一些迷思，然而，誰說一定要舌燦蓮花才能成為銷售高手？誰說除了好商品之外就無法打動客戶？誰說我們只能用奔走塞滿人生？

不論是銷售任何產品，都必須承擔相當的壓力，因為從主管到業務，不只是月月歸零，而且每個月都必須要面對公司業績「達標」的要求，這也是導致多數人在進行開發或與接觸客戶時，思思念念都是必須要達到的業績數字，而在對互動中常自動將「如何能夠成交」的念頭擺在「如何帶給客戶利益」前面思考，因而客戶在談話的過程中，可以輕易地察覺到業務帶有明確的目標導向。這當然是無可厚非的，但若想要成為一名頂尖的保險從業人員，剛好相反，就是要將「如何帶給客戶利益」成為最核心的方向。

真誠的交心就能成交

忘記成交，不就不能成交了嗎？不，**忘記成交，才能成交！**這樣的思維，為何能夠產生成交的結果？難道只要誠心禱告什麼都不做，保單就會從天上掉下來嗎？不，保單當然不會從天上掉下來，但是，無為而治的心境的確比處心積慮還要更容易簽到保單。

很多人努力讓世界看見，但客戶不只是客戶，唯有真心誠意才能長長久久。一名業務員能否真的忘記成交心，往往是保單簽訂與否的關鍵。就心理層面上來看，若我們帶著明顯的目的性與人交往互動，便容易引發對方的抗拒與防衛，這是不證自明的道理。若想要成交保單，一開始只要能夠在對方心中留下好的印象，並且能夠有讓彼此有愉快的互動就足夠了。再者，在互動的過程中，必須要盡量站在對方的立場，感同身受地了解對方的處境與需求。當然，這種全然的理解必須是發自內心的真誠，人是很敏銳的，尤其是彼此在交流時更需要真誠地為對方著想。

保險業並不同於單純商品買賣的行業，而且是售後才會產生服務的商品，不可能銀貨兩訖，更不可能售後不再有其他互動產生，即便現在一般的貨品販售也都相當重視客戶的回流與互動。客戶願意向特定的業務員進行接洽或者是簽訂保單，多數是對於

專業或者是個人特質產生信任感。因而在面對客戶時，如果能夠全心全意地對待眼前的人，自然能創造出良好的互動，而成交也是水到渠成的事情。

這樣的建議聽來似乎與長此以往所接受到的設定目標而努力去達成的教育理念背道而馳，但是我想以我自身為例說明真正的心法。當初剛涉足保險業時，心中著實對於選擇從事保險尚存有抗拒，也對自己的專業信心不足，於是分享保險對我來說是件難以啟齒的事情，一個抗拒自己開口的業務員，自然不可能有客戶百分之百願意信任與交付自己的需求。一直到協助客戶因為生病理賠保障了家人的生活，讓我真正認知到保險不僅只是一項維生的事業，更是一項「有意義的事業」，能夠幫助許多需要幫助的人度過生命中難過的關口，而且能夠降低意外風險對生活產生的傷害。霎時間，我充滿了使命感，覺得自己所從事的工作非常的重要，是一個救人的事業，怎麼可以不好好和人分享呢？

在我的觀念通了之後，所有社會與家人給予我的框架突然一個個消失，我不認為我單純在「銷售保險」，也不再只是為了保單而拜訪，我開始找人聊天，對談的內容分享的是如何讓生活過得更好的方法，以及如何在可能風險的影響下做保障生活的規劃。當自己擺脫了「必須要推銷」的壓力，對方也同時感受到誠意，自在才能帶來良好的互動。我只聊天，同時不在意聊天之後

如果業務只有一個關鍵字：那就是交心

的結果，反而在這樣彼此都輕鬆的狀態下，更容易讓對方接受保險商品。往往這樣，「無心插柳，柳成蔭」，保單自然而然地成交。

如果不跟客戶談保險，那麼要如何成交保單呢？不向客戶講商品，又要如何才能賣出商品？其實，很簡單，就拿傳統市場與連鎖超市來說，對價格上或者是購物舒適度而言，連鎖超市完全制霸，但是，仍舊有多數人捨棄連鎖超市的便利性，而選擇傳統市場。深究其中，最主要的原因是傳統市場擁有連鎖超市所沒有的「溫度」，多數人喜歡與攤商「討價還價」的搏感情，帶來「如同家人一般」的溫暖感受。長此以往在彼此間便容易產生如親友般的信任，容易接納攤商便宜又物美的推薦產品，對於附贈的那幾根蔥更是成為「鐵客」的保證。

同樣的道理，當我們與客戶聊天中一來一往的攻防戰，彼此間產生了互賴與信任，在溝通與分享上便容易達到「深入內心」的效果。除了不給予對方壓力以卸除抗拒心之外，藉由對於客戶或潛在客戶的了解，更能從對方的生活、習慣以及個性出發，帶入觀念引導改變。只要當對方認同業務的個人特質、也認同所分享的觀念，那麼接下來業務員要做的，就是降低即將發生的「改變」為客戶帶來的焦慮不安。

簡言之，所謂忘記成交才能成交，即是一種雙方都沒有心理負擔的「**無壓力行銷**」方式。無論即將面對的潛在客戶是自己的朋友與否，切記先把「交心」的意念帶至彼此交流的場合，把握談話的機會交流情誼或交流觀念，最好的狀態是能夠讓彼此無話不談。因此建議與客戶或朋友碰面的時候請盡量掌握「**三不一沒有原則**」：**不談保單改談感情，不說保險改說需求，不講商品改講觀念**。

讓客戶無痛購買

如同前面所提到的，保險商品畢竟不同於一般的生活用品，無法買斷就與廠家無關，當然也無法讓客戶在現場便進行實際的體驗。也就是說，除非經歷過保險理賠而感受到保障的重要，或是經由投資組合而獲利，否則一般人在簽訂保單前，並無法對冗長的契約條文具有太深刻的感受。

既然保險商品是一項無法以體驗行銷讓顧客對商品有立即性感受的商品，自然無法讓客戶或潛在客戶以「試試看」的方式體驗到保險的好處。一般人對於進入陌生的領域，或者是面對不知道未來會發生什麼情況的商品時，較容易因個人的特質而產生強度不一的焦慮感或抗拒心理，尤其是如果對談的過程只有數字在支撐，那對很多人來說並無法具體掌握與確實聚焦，更容易產

生排斥心理。所以，在進行對談時，首先要從對方最熟悉、最習慣的項目切入，才能在同一個頻率裡對話，有利於客戶的思考轉換。舉例來說，若自己的潛在客戶是個平常就習慣品酒的人，那麼只要把抽象的金額換算成酒的數量，對於客戶來說，要比直接帶他看數字要來得有感覺。

再者，**讓客戶願意接受產品的一大前提就是「無痛購買」**。當我們的客戶是每個月必須固定花費三千塊在購買手搖杯飲料，或是每天必須要固定花上兩杯星巴克的咖啡錢，那麼，請他們將其中一部分的咖啡錢，或者是用於吃兩頓大餐的錢拿來購買理財型商品，並不會對於生活產生過多的的困擾與負擔。一天喝兩杯咖啡減量為一杯，既有了投資理財的資金，也不至於影響原來的生活品質，既不會造成壓力，手頭也不可能因此而拮据，在這樣的情況與條件設定下，通常多數人是願意嘗試購買產品的。對於喝咖啡的人來說，若一個月少喝了幾杯，將購買的錢拿來理財與購買投資型商品，不僅能夠換到實質上的金錢收益，更能夠讓身體因此而更健康，又何樂而不為？

因此，在與客戶互動的時候，我們不僅要站在客戶的立場想，更要**讓客戶感受到即便是將有所「改變」（微調習慣：減少不必要支出轉成增加投資商品），也是一種「無痛且雙贏的舉動」**。

打造頂尖 DNA

坦白說，在行為改變上，若能「無痛改變」是最迅速，同時阻力也最小的方式。在企圖改變他人的行為時，我們常常忽略了，最快改變一個人既有的習慣的方式，並非讓對方一下子就拋掉所有的舊習慣，全部以新的習慣來替代，而是讓對方在對未來產生期待及好處下慢慢地接受新習慣的養成，並一點一滴地進行調整新、舊習慣的比例。換句話說，即是讓好處像酷寒天裡的朝陽般讓熱度一點一滴中發生與延續。在行為上，越是讓對方感受不到改變的差異，就越快能夠改變對方。而在觀念的改變上，也同理可證。尤其是觀念的改變要比行為的改變遇到的心理抗拒多上更多。因此，要讓客戶的抗阻力降到最低，同時提高接受度，就必須要讓客戶能夠體認到，即將發生的期待改變行為並不會影響到舊有的生活，而且還會因此逐漸提升原有的生活品質，那麼，相信沒有人會對「更好的未來」或「更好的自己」說不，抗拒的心理自然的降低。

　　一般而言，**讓客戶願意做出購買決定的不一定是產品，往往是期待或感受到自己的需求被關切**。因此所有業務員必須謹記，所有的一切皆以「站在對方的立場」為起點，所有的結果皆由「對方的需求跟決定」為終結，我們所要做的僅是在過程中**加入自己的專業，然後以「引導」對方做出最適合自己的選擇及判斷**。一旦客戶願意接受新觀念進行改變之後，不需要過度推銷，必須將最後的選擇權交給客戶。業務員只要讓客戶深刻體認到自

己自始至終是站在客戶這邊的就足夠了。畢竟，縱使我們有**再多的「我是為你好」，也都比不上對方發自內心的「我需要」**。所以，頂尖的業務員要做到的，不是把自己心目中認為的最好的產品塞給客戶，而是把最適合客戶需求的項目分享給對方。成交真的不難，只要謹記行銷五步驟，成交是必然的結果。

因此，業務的祕訣無他：拋開說服的心態以及成交的慾望，站在對方立場，誠心分享。

不少業務覺得陌生開發或者是開發潛在客戶的難度，要比熟悉的親朋好友要難上許多，主要原因在多數業務員把產品內容背到滾瓜爛熟，把「說服」顧客的技巧磨練到精順，卻忘記了一般人並沒有喜歡被「說服」。說服的背後代表著必須要妥協自己的價值觀與想法，或者是強烈改變作為，當然抗拒就油然而生。**因此在這裡分享一個降低抗拒的技巧**（3YES 堆疊技法）：**連續三個 YES 之後，答應的成功率便會提高。**

心理學實驗研究證明，當我們需要對方同意某件事情時，先不要直接提出想法與要求，先讓對方就相關的方面連續認同幾個簡單的觀點，逐步降低對方的抗拒心，接下來再順勢提出主要的要求，此時，對方的接受與同意的機率相對變高。以文章中抽菸的潛在客戶為例，簡要說明：

業務員：「你有沒有想過一件事情，人家約你出來都是找你看電影、吃飯、唱歌，都是在花錢，只有我對你最好。」丟出懸念，引起對方的好奇。

潛在客戶：「怎麼說？」→**產生好奇，便會打開耳朵。**

業務員：「我叫你存錢啊！你每個月花三千塊喝咖啡，一個月存三千元，你覺得難嗎？」

潛在客戶：「不難啊！」→ **表示認同，第一個 YES!**

業務員：「那你一個月存三千塊，存到六十五歲，你有一筆百萬以上退休金，你覺得好不好？」

潛在客戶：「很好啊！」→ **表示認同，第二個 YES!**

業務員：「那這邊有個資料你參考一下」

潛在客戶：「好啊！」→ **表示認同，第三個 YES!**

通常，潛在客戶在這種情況下，對於資料的內容接受度要高過於直接遞資料對談，更容易進入到欣然同意的狀態，成交機率也相對提高。

通常，業務員堆疊「Yes」的「施力」越是輕、鬆、慢、緩越是容易被接受。

請隨時將梁心行銷五步驟牢記在心：

行銷五步驟：忘記成交，無壓力分享，疏通觀念，並站在對方的立場思考，最後尊重客戶的選擇。

①忘記成交：談話緊扣客戶的需求，而非自己的需要。

②無壓力行銷：在不影響客戶原本生活的前提下，讓產品為客戶增添更多的效益。

③引導疏通：先疏通觀念勝過於說服灌輸。

④無痛改變：讓客戶了解習慣的改變並非一蹴可及，但是卻可以無聲無息，沒有損失反而獲得。（用 3YES 堆疊技法降低抗拒）

⑤尊重選擇：客戶主動做決定的心理障礙要較被迫做決定來得低，同時對於自己的選擇心理認同度相對的高，也會堅定自己選擇的正確性。

如果業務只有一個關鍵字：那就是交心

精準選擇勝過盲目努力

　　基本上，願意選擇業務作為職業的人，多數在內心深處或多或少都帶有主動積極、熱愛分享與勇於挑戰的特質，是面對公司對於業績成交的件數以及金額的要求較一般人具有更高的抗壓性，甚至會躍躍欲試。而且，從事業務最棒的地方就在於「只要肯努力，收穫是必然的」，只要用對方法並且努力其中，便能看見自己想要的結果，做白工的機率很低，所以也是一個很容易得到成就感與滿足的職業。

　　上天是公平的，每個人都只有二十四小時，就算是天生的業務高手，儘管抗壓性再高、行動再積極或者思維再正面，在合理的狀況下，就只能產生正常的成交量與金額，這是理所當然的。但為何總有頂尖業務能經常不斷地突破自己的極限，總是能夠製造話題締造新的成交紀錄，看在處於瓶頸的你我眼中，也不免產生自信心動搖，甚至反覆詰問自己，我已竭盡全力，究竟我和業界頂尖的業務差距在哪裡？

　　頂尖的業務和你我之間的差距少到超乎想像。論資質、論經歷、甚至論努力，我想多數對自己有所期許的夥伴，在表現上皆能不負公司的厚望也不辜負自己的要求，但是想登上頂尖為何總有種無法突破的無力感油然而生？答案其實非常清楚，傳統的單位工時思維是有極限的。

　　如果我們以傳統思維去看待客戶與自己的工作，僅採用時間去換取件數的策略，再意圖用累積的件數換取金額總數的達成，那麼，當然會面臨極限。即便是身為超級業務員，能夠厲害到一個月可以成交十張保單，甚至二十張保單，倘若保單的成交金額低，那麼業務員的相對收益也少，如果我們能夠以一半的時間，成交十五張保單，但是拿到十倍甚至二十倍的成交金額，那麼，投注的時間相對變少，獲益卻以倍增或數十倍增，是不是就事倍功半呢？當然，這是毋庸置疑地，所以，所有我們在業務行銷領域所學到的口條、話術與溝通技巧，都應該要「巧施活用」，讓自己能夠越做越省心，而不是只會拿出拼勁，到最後疲累得忘記自己投身保險業的初衷。

　　拿一個淺顯的例子來說明，相信大家對於「雞蛋不要放在同一個籃子裡」這句話皆能朗朗上口，投資者甚至將之奉為圭臬，

認為必須要把雞蛋放在不同籃子裡才能降低風險。但是，若籃子不夠堅實，不具備足以孵出雞的環境條件，或者是籃子本身已有破洞，那麼，蛋還要放進去嗎？真的每個籃子都放雞蛋，就是最完美的方式嗎？若具備彈性思維，能夠逆向思考，如果眼前的這個籃子夠深，夠大，夠堅實，有什麼理由不把全部的雞蛋放在裡面？如果只要在這個籃子裡放進一顆雞蛋，便可以產出一隻母雞甚至自動生出十隻母雞，有什麼道理要把雞蛋放在不一定會產出小雞的籃子裡？

有時候，重點不是把雞蛋放在多少個籃子裡才夠，或者是要放多少次才能把所有的籃子放滿，重點是挑對放雞蛋的籃子，一旦籃子對了，有時候，僅放一次就足夠了。之所以，焦頭爛額地爭取幾千個客戶，遠不及好整以暇專注幾十個高端客戶，道理就在其中。

金融產品的組合日新月異，金融衍伸性商品在現代已經不是最新穎的概念，對於客戶來說是一項風險管理與資產管理的「被動收入」管道，而對於保險業務員來說，金融衍伸商品同樣是一種自身「被動收入」的管道。而兩者的被動收入是呈現彼此連動的狀態。客戶的財力與投資金額決定了業務員的收入。

以二○二○年的疫情來說，由於無法出國以及適逢美股熔

斷，手上握有大筆資金的客戶在這段前間進出投資的次數與金額都異於往常，曾經有同仁在聊天時提到自己的薪資帳戶「莫名」地入帳，一經查證，才知道這是公司撥給業務員的手續費分潤。由於金額異常之高，讓這位同仁一時半刻以為是公司轉錯帳，急著歸還，後來才確認這的確是屬於自己的分潤，這才驚覺自己的客戶中有一位居然是「隱性高端客戶」，而這名客戶為他帶來的單月收入竟遠超過一般上班族的薪資。試想，一名業務員能夠收到高額的手續費分潤，，所以必須要把握住的高端客戶可創造無限的想像。

因此，身為過來人，對於甫入保險業的夥伴，建議培養**「審件」的精準度**。「審件」的意思是，在與潛在客戶對談的過程中，先確定對方是否有成交保單的意願。乍聽之下，這似乎有點目的性太強，但是審度實際的情況，不難發現每個人的時間都是有限的，二十四小時扣除了日常生活與家庭陪伴，剩下的時間其實都是固定的，隨著我們身邊的羈絆越多，切割掉的時間就越瑣碎，幾乎是「掐著在用」的狀態。我們也清楚，想要僅憑亂槍打鳥或者是靠運氣，可能撈到訂單的機率不甚高。所以，必須要清楚自身的情況，以做出最好的評估。

「快篩」搭配「慢選」找到優質客戶

　　成交除了靠自己的實力，也要靠自己的判斷力，也就是說，建立「快篩」機制來協助自己判斷與調整要花多少心力在眼前的客戶上。這並不是功利取向，而是在第一階段先做出分流，當下對於保險或者產品不感興趣的客戶，並不代表日後沒有相關的需求。但在尚未產生迫切需要或尚未創造出客戶主動需求的時候，無需太多著墨，如此一來，則可避免自己在時間與精力的過度消耗，二則避免使潛在客戶產生過多的心理壓力，造成反效果。雖然建議欲成為頂尖業務員，須建立快篩機制的必要性，但同時也必須提醒大家，儘管現在對方尚且不是自己的客戶，這並不代表對方以後就沒有成為客戶的可能性。我們要讓子彈飛，但是要保有服務品質與態度的一致性。這樣的**一致性能夠創造信任感**。對於「尚未成為客戶的朋友」，我們依然要保持良好的互動與關切，讓他們能夠感受到我們始終如一的熱誠與信念。

　　常言道，「**錢要花在刀口上**」，**時間跟精力也是。這種「審件」能力就是內化的一種「快篩」機制**。通常自帶「快篩」能力的業務員往往比起較缺乏策略方針或沒有明確規劃的業務員更能夠達到要求的成交量。但是，每個人的時間與精力都是固定的稀有財，是會消失與耗竭的，並且這兩者皆無法用別的事物取代，我們也無法使用其他物品來換到更多的時間、精力。即便現

在流行「錢能解決的都不是問題」，但往往很多問題不是錢能解決的。雖然金錢可以為我們換到一點較為寬裕的時間，但畢竟也有其限度；雖然蠻牛與補品可以為我們換到一點較為充沛的精力，但那也不可能是長遠之策。所以當我們已經將時間與精力的效益發揮到極致的時候，遇到難以突破的天花板是一種常態。

這道理很簡單，就像前面所提到的，無論多頂尖的業務員，即便三、五句話就能成交一件保單，二十四小時能夠成交的數量也是有極限的。在時間固定、努力程度一致，成交數量雷同的情況下，兩名業務員之間的差異就落在成交保單的金額大小上了。因此即便是每月、每年都在突破成交件數的我，面對成交的客戶與金額也無法否認，成交金額對業務員來說確實是一個愉悅卻又殘忍的數字，很現實地體現在客戶本身的經濟能力上。是以，不僅要挑客戶，還要挑選住優質客戶。

如果說，「快篩」是用來過濾成交機率的機制，那麼「慢選」就是用來挑選高端客戶的眼光。這世界的真實往往跟我們眼睛看到的不一樣。若真的在業務這一行耕耘過一段時間，在台灣會發現往往真正的富人通常是以謹慎低調的作風居多，因此無法用是否穿戴名牌、開豪華進口車，來審視一個人的財力條件。請記得，表象未必代表一切，我們必須要培養自己更精準的眼光，可以看得更深入一點，因此面對客戶時，我們不能光用直覺快思，

也要用邏輯慢想

「快篩」過後為何要「慢選」？如果說「快篩」是決定保單成交的命中率，那麼「慢選」就是確定保單的得分打點及打擊力度。中間層的客戶或者是顯性高端客戶很清楚地會寫在身上所有的細節裡，但是隱性高端客戶就不是那麼容易辨識得出來。必須深入了解才能釐清究竟眼前的是一般客戶抑或是低調的高端客群。不同的客層與對象，需求當然不同，我們所提供的服務當然也要適性調整。「慢選」有助於精確判斷與分流，讓不同客群的人都能夠得到最適合自己的產品與服務。彼此都能在交集中得到效益最大化，皆大歡喜。

最後仍要提醒大家，具備良心與熱誠的業務員，當然不能以差異的態度及差別的眼光來服務客戶，是以**我們所談到的「快篩慢選」，皆是以「無差別對應態度與服務心」為前提**來探討，如何能夠讓業績在數量上及金額上都能有所突破。回歸到業務現實面，就必須在有限的時間內創造最高額的交易，所以必須要先讓自己從「以量取勝」進入到「專注打點」，讓 Less is More.（少即多）的精髓發揮到極致。這世界上多數的財富集中在少數人的手上。**要成為頂尖業務，如何能夠掌握「重要少數」即是關鍵。**

業務祕訣無他，在無差別服務的前提之下，時刻強化自己的「快篩」能力，銳化自己的「慢選」眼光。集中打點，提升業績也提升自己的人際平台。

梁 心 建 議

所謂人脈就是錢脈，其道理在於人脈是循環與鏈結的倍增結構。業務員一旦進入高端客戶層就等於掌握了高端客群的網絡，原有的客戶接收到的服務感受將促發高端客戶圈影響漣漪的擴大，因而產生正循環效應。在此建議業務員至少要把握住幾十位高端客戶，擴大自己的高端客戶群，因其能產生以下兩層交疊影響的效益：

1. 自動建立口碑行銷網，省去快篩慢選的時間

由於高端客戶的朋友圈通常在社、經地位上也具有高度的同質性，也就是說高端客戶的朋友有很大的比例落在高端客層。根據尼爾森和 Lithium 所摘錄之影響人們購買行為調查的統計結果顯示，有高達 92% 的消費者傾向於聽從親朋好友的推薦而進行購物。由此可以推估，若能經營到高端客戶，則高端客戶本身不僅可以為業務員帶來豐厚的被動收入，若其能因此促發高端客戶的影響圈，產生「口碑行銷」的擴大效應，則將為迅速業務員建立起強大的高端客戶結構網絡，省卻業務員必須進行快篩與慢選的時間。

2.高端人脈的擴張與鏈結，降低準入的難度

行銷界有一條著名的「250 定律」，講的就是，若我們所服
務的客戶或者意圖行銷的對象所獲得的感受與認同良好，那
麼他們將影響其身邊最親近的的 250 人，擁有同樣的感受，
反之亦然。所以，當我們取得高端客戶的認可，那麼也就容
易受到該名客戶對自己同溫層的推薦與引介，也就是說，業
務員將不需要經過「過五關斬六將」的陌生開發便能認識更
多的高端客戶，而且有了先前的客戶做出「品質保證」在先，
自然就容易取得之後客戶的信任與成交保單的機會。

· 代表公司參加遠見雜誌採訪，訪問 MDRT 內容

打造頂尖 DNA

．經營 VIP 客戶，源咖啡老闆教如何沖出好咖啡

第二章

如果**招募**只有一個關鍵字：

那就是堅持

2-1　高手就是把簡單的事做到極致

　　招募員工是所有主管都會面臨的一個挑戰。好的員工不會從天上掉下來，必須要靠自己挖掘。招募力是主管必備能力之一。如何選才、如何增員與如何育才，考驗著主管的智慧。沒有人能夠未卜先知或者是天生就具備有精準的眼光，能夠預知何時能夠遇到頂尖人才，又或是所網羅到的人才究竟到最後會變成將才還是過客。縱使有再多的理論分享，都遠不及經驗所累積的實力與磨鍊出來的判斷力。

磨練自己的吸引力

　　我的招募力是一次一次「練」出來的，正所謂，**不積跬步，無以千里。將簡單的事重複做，一旦做到極致就變成高手。**我的招募力沒有訣竅，剛開始是一通一通人力銀行電話練出來的。在新竹的時候，由於是儲備主管，所以必須要進行增員的動作，但是對毫無增員經驗的我來說，著實頭疼。因為增員看似簡單，就

是「招募人才」，但良禽擇木而棲，為什麼好的人才會來，又怎麼讓好的人才願意留下來？面對不同的人又必須要有不同的應對方式，我也在增員的漫漫長路中經歷過挫折期，不過唯一不同的是，我堅持把一件簡單的事重複做好，並且在做的過程中，不斷精進自己。

既然招募是件一定要做的事，我們怎麼看待這件事就會得到什麼結果。對於多數沒有具備豐沛招募經驗的新手主管而言，打電話招募新人是個嚴峻的考驗，甚至被視為能閃就閃的苦差事，但是我卻非常享受招募的過程。如果把招募當成是不得不交差的事情，那麼在拿起電話開口的當下，接到電話的人是可以感受到的，缺乏熱情的主管，怎能吸引到願意前來的夥伴呢？如果轉個念，就會發現招募不僅可以練習口條、可以訓練膽量、可以磨練應對技巧，更能夠從中發掘有潛力的新人，招募對我來說，是個挖寶與練功的好機會。

坦白說，招募人才的過程，就像是練習射靶，精準度全是靠練習得來的。我們都知道，毫無目的的掃射，雖然有幸可能會命中一、二，但期間所消耗的時間、精力成本是龐大的。眾所皆知，亂槍打鳥是沒有效率的，不過我也經歷過亂槍打鳥的過程，而且我相信，許多目前線上作業的主管也都曾經經歷和我一樣的這種焦躁與挫折。

如果招募只有一個關鍵字：那就是堅持

我的招募，是從打人力銀行的電話開始的，與所有新手招募主管一樣，感覺就如在大海裡撈針。當時一個月花費幾千元以上的電話費，打上百通電話，希望從中有人願意來面試。即便如此努力，面對一個月過去依然沒有任何人願意前來嘗試的成果，這當中累積的挫折感不是一般所能想像的，我也一度想要放棄，改用其他的方式招募，在我向人力銀行抱怨名單大多無效時，當時的人力銀行給了我 100 個名單，希望我再給他們一次機會，於是帶著姑且一試的心情，抱著最後一線希望，決定繼續努力打下去。

堅持盡自己百分百的心力

　　堅持，是通往成功的必經之路，當然，堅持也是要有方法的。如果招募人才是掏金的過程，那麼，我們都知道，除了不斷反覆掏洗沙粒之外，必須要用心眼才能看見埋藏在沙子裡的黃金。也因為如此堅持持續努力，終於讓我的招募生涯有所轉機。

　　那一次，我碰到了讓我願意拿出時間與心思來與對方「搏感情」的人，由於對方大哥曾經在保險同業工作了十多年之久，是一位不可多得非常優秀的人才，無論如何，我都不願意放棄如此經驗豐富的人才，希望他能成為自己日後一同打拼的夥伴。於是，在電話招募失敗之後，我開始找盡各種方法打入這位大哥的

打造頂尖 DNA

生活圈，打聽到大哥常出沒的地點，營造巧遇，或者是經過他家附近買杯咖啡向大哥請益，慢慢培養感情，當然，經驗豐富的大哥不可能猜不到我的心思，但是依然願意與我分享經驗，最後，學習劉備三顧茅廬孔明的精神，最後我的誠意終於感動了大哥，答應成為一起打拼的夥伴。比起一樣想要招募大哥的其他保險公司還有公司的其他單位，我多的只有堅持與誠意。

這次的經驗打破了我固著的觀念，招募不應該始於電話，終於電話，電話只是開門，讓良才願意擇木而棲才是最終目的，而且當遇到良才，身為主管不能只是一心想網羅，更要能夠從對方身上學習成長。在這次的招募中，由於從大哥身上學習到富有技巧的外商保險公司經驗，加上自己本身的既有保險業務經驗，使我建立了中西合璧的概念與方法，功力更上一層。

勤打電話的確是精進招募力的第一步，從電話應對中所能學習到的是招募經驗的累積，但是做好招募就僅僅如此而已嗎？在我看來，撥打電話以招募新人僅是招募過程的一個環節與方法，並不是全部。多數人在打完招募電話之後，就認為招募結束了，對方有沒有前來的意願，在掛掉電話前便已經一翻兩瞪眼，無需再論，但真的是這樣嗎？

其實，這就是我的招募能力突飛猛進的轉戾點，不是從打了

幾萬通電話之後突然變強，而是在是確定對方不來的時候開始成長而來的。對於優秀人才的婉拒，抱著遺憾的心情說再見是一種面對方式，另一種，則是搬出「三顧茅廬」的態度，堅持到底。

精確判準度來自反覆練習

打電話事件看似再簡單不過的事，但**如同巴菲特所說的，「把每一件簡單的事做好就是不簡單；把每一件平凡的事做好就是不平凡。」**打電話對我來說，並不只是打電話而已。從我開始進行招募以來，便一直維持著一天撥打二十通電話以上的習慣，平均下來，一個月將近撥打五百通以上的電話，也就是說保守估計一年之間所撥打的電話達到六千通。若依照「一萬小時定律」所言，在任何領域中的練習若超過一萬小時，便能達到專家的程度，那麼，我在打電話徵募新進人員這塊，應該已經達到了專家的水平，因為我已經累積遠遠超過了一萬小時的通話量。這驚人的數字背後所反映的，不僅是多少人被招募前來的達標數，而是我在識人與應對上不斷藉由經驗調校之後的精確判準度。

在每年高達數千通的電話中，我快速地累積了面對不同人的口語表達經驗，與在對話中篩選的能力。當拿起電話撥號前，我一定詳讀對方的資訊，在決定撥號的時候，我也已經能夠在腦海中擬出接下來的對談模式，等到電話接通後，我便能有效率地進

行對談，不需要耗費太多時間。這是為什麼單位時間內我能打的電話更多，更能招募到所需要的人最大的原因，因為「用心」招募的過程所帶來的不僅是更好的人才，也帶給我更好的能力。這是常常被忽略掉的正循環。在這樣的成長與歷練下，所建立的增員技巧自然與別人大不相同。也因為自己的獨特選才力，最後得到公司外派到中國當業務主管，也在中國打增員電話，在中國也能增員，也增了好多位優質的員工，還有一位大學的助裡教授也轉職來從事保險。。

　　業務祕訣無他，把簡單的事做到極致，在簡單的事情中找到價值。事情背後所帶來的往往高過於表面，面對上天的禮物，打開禮物的包裝，才看得到內容。

梁 心 建 議

1. 調整心態，快樂面對：

面對所有必須要或不得不做的事情，我們想的是「為什麼我要做這種事？」還是「太好了，我要如何做呢？」很顯然地，選擇後者通常收穫會比前者多。多數人面對不得不做的事情時，往往反映出來的是一種被迫的不甘願。當一件事情只有義務，沒有熱情的時候，是不會有好的結果的。把不得不做的事情當遊戲，就會有過關的樂趣，把不得不做的事情當作使命，就會有成就感與堅持。往往決定一件事情的結果並不是機運，而是我們如何看待事情的心態與如何選擇面對事情的方式決定了最終的結果。

2. 用心對待，耐心等待：

植物萌芽需要時間，成長需要時間，結果需要時間。但我們往往在還沒有看到結果之前，便放棄了前面努力的一切，以至於為山九仞，功虧一簣。是以，在堅持做對的事，並且把簡單的事做到好的前提下，滴水穿石前，要給予等待花開的時間。

3. 把握所有可能學習的機會成長：

招募不是只有找到一起努力的夥伴，招募的過程更是一個
重要的成長契機，而招募到的員工，也能夠讓自己學習。招
募不是一個只看結果的行動，在整個過程中能夠得到的遠超
過我們所想像。

有一句話是這麼說的，盡人事、聽天命。這並非是句消極的
話，在我看來是一種積極面對的態度。當我們努力建立自己
並堅持到底，不需要懷疑，自然會看到想要的結果，也就是
**當我們把努力變成一種自然，無論我們希望能夠做到或者
得到什麼，都能水到渠成。**

讓一加一等於無限

　　招募人才的過程縱然十分磨人，但難度卻遠不及於如何留住人才。因為讓人才願意踏進保險這一行是一回事，而讓對方願意留下來繼續從事保險事業又是另外一回事。畢竟並非每個人都天生便懂得如何經營團體關係，「定著率」對於業務主管來說，也是除了增員之外的一個大考驗。

號召力就是你的影響力

　　記得當年我曾經過增員人數達到一年增十一位新人，但定著率到最後卻只剩下三位新人的情況。坦白說，這樣的結果讓我相當挫折，因為在增員上我的表現著實亮眼，卻在定著率上跌了一大跤，所幸，在我的眼中，任何事件的發生所帶來的不應該只有心情的起伏與轉折波動，過程中一定有我需要面對與學習之處，會產生這樣的結果，就表示這其中有必須要改進之處，以及自己

沒有注意到的地方需要調整。沮喪並無法改變結果，於是我反覆琢磨與思索可能的因素，在經過一番調整之後，第二年我所招募到的十二位新人，定著率高達八位，亦即有三分之二的留存，可說是以倍數成長。

當夥伴們願意留下來跟我們一起打拼事業，我想我做對的事情不會只有一件而已，但在所有「做對」的大大小小事情中，我特別要分享「聚餐」這件事。身為主管，除了擔任顧問，陪自己的夥伴進行保險服務，每個月我一定會擇一日請所有的夥伴們一起聚餐同樂。

聚餐聽起來似乎很一般，甚至了無新意，在大家眼中這無異就是一群人聚在一起吃吃喝喝，減壓或相互取暖，或者會被認為是一種主管給予員工甜頭的行為，但在我的定義裡，聚餐卻是件很有意義且具有深意的活動。因為夥伴之於我，是家人，所以聚餐是一種與家人之間情感的交流，放下一切，單純地感受關懷、給予愛。在整個聚餐的過程中，除了享受美食之外，一切氛圍與互動將決定夥伴們的心是不是與自己同在，而且會同在多久？

相信多數公司都定期舉辦聚餐，多數主管三不五時也會找機會與自己的團隊小聚。然而，如果只是「行禮如儀」地吃上一頓飯，跟「家庭歡樂聚」所創造出來的緊密度是不一樣的。我的聚

如果招募只有一個關鍵字：那就是堅持

餐就很特別。聚餐並不需要員工有多好的表現、也不需要一定是非常重大的慶祝事件，不管當月的月績如何，我都一定自掏腰包帶大家一起聚餐，也不管這個月的成交金額總數是多少，我也一定讓大家吃得開心盡興，最重要的是我堅持「從不動用公司所給予的任何一毛育營基金」。我之所以願意這樣做是因為在我心中，「聚餐」不是一種規定的義務，而是我個人對於夥伴努力地感激、鼓勵，自掏腰包的舉動不是因為「自己是主管」，而是一種誠意的體現。**看不見的力量，影響力遠比看得見的強大**。聚餐對我來說，既然是一種如家人的凝聚場合，那麼我相信從中所能夠得到的價值實則將遠大於我的付出。

團隊感情是吃飯吃出來的

稻盛和夫曾在自傳中提及，「團結一心是公司經營的基礎。如果四分五裂將一事無成。相反，如果帶著家人般的情懷來經營公司，員工和公司都會覺得很幸福。」要擁有這種幸福感，最簡單的方法就從餐桌開始。

我常這麼打趣說，「我的團隊是吃飯吃出來的。」這當然是句玩笑話，但卻有它深刻的道理。對我來說，這樣的聚餐有三個面向，是身為主管可以把握的。

打造頂尖 DNA

第一個也是最重要的一個，就是**營造家人一般的幸福感**。聚餐的餐桌上沒有業績、沒有壓力、也沒有責難，只是單純地如家人一般開心地吃飯，需要安慰的給予關懷，需要鼓勵的給予支持，需要讚美的給予表揚。比起跟工作同事一起吃頓沒有太多互動的飯，在餐桌上如果能產生凝聚力與共好的心情，自然要來得重要。當夥伴一旦變成如同家人一般的存在，團隊往往在面對困難時，同舟一濟的使命感便油然而生，主動互相支援與互相提攜的強度大，在面對夥伴獲得成就的時刻，便容易產生一種與有榮焉的驕傲感，而在面對可能會有的利益衝突上，就能夠因為共好共榮的心態，願意讓利或者是期望一起變好、一起成長，團隊因此能產生正向的力量與循環。

第二點是，**沒有偽裝的時候，才能看到最真實的樣貌**。身為主管能夠從員工最放鬆的狀態下，觀察到團隊之間的和諧度與是否需要調整。此外，主管也能客觀察覺到真實的狀況，從家人或朋友的言談中感受到其他隱而未見的真實面，很多平常看不出來的事情，多吃兩次飯就看出來了。所以，營造一個可以交心的放鬆氛圍是重要的，聚餐辦得好，可能會聽到很多煩惱，但組織與主管的煩惱卻會越來越少。生活中很難不遇到困擾，尤其是保險業務員一般需要比其他人更高度的抗壓性，接收到的負面反饋以及挫折感也高，但是知道狀況才知道如何協助團隊排解，所以，能夠放鬆與信任才能產生自在與真誠。要讓夥伴能夠坦然，身為

主管的我必須要先釋出誠意，這就是我為什麼堅持是我私人出錢舉辦聚餐而不用公費，因為我希望夥伴明白聚餐是我如同對待家人般心甘情願付出，而不是一種理所當然是主管所以請客，我相信這種真誠無私的心意大家一定會有所感受的。

　　第三點，良好的氛圍能夠吸引更多同質的人投入團隊。我非常鼓勵夥伴們帶著自己的親朋好友一起來共聚，在參與者與所攜帶的同伴皆不需要額外負擔餐費的前提下，多數夥伴願意參與並且願意帶著自己的好友或家人一起來同樂。而我把每一位夥伴帶來的親友都視為是「可能的潛在夥伴」，我會在他們的互動間觀察，並且了解個性與背景。至於夥伴會帶來的親戚朋友，通常是跟他們平日能夠契合的人，而這些前來參與聚餐活動的新朋友，在這樣良好氣氛感染下，更容易認同團隊氛圍與理念，通常即有可能會成為接下來共事的夥伴。因此，在這之前，夥伴們已經替我做了第一輪的篩選，降低了未來進入公司之後可能產生的磨合期長度與強度。而我亦能在聚餐中對他們進行初步的了解，無壓力的聚餐同時也降低了未來新進人員應對新環境與同事陌生所產生的焦慮感與距離感，有助於迅速建立信任與認同。經由這樣一個帶一個的聚餐活動，團隊就在其中慢慢養成，逐漸擴大與強健。這應證了一加一也可以創造無限。

　　聚餐是所有社交活動中最簡單的一項，卻也是最不簡單的活

動。投遞來洋洋灑灑的漂亮履歷與平日看起來八面玲瓏的應對才能，都比不上吃一頓飯所透露出來的反應真實。

一直以來作風強悍的男人在餐桌上可能談起自己女兒卻顯得溫暖，而平常文靜少言的柔弱婦女遇到有興趣的事情可能變成能侃侃而談的自信女人。這些都是在平日看不到的，卻能夠在聚餐中不經意被讀到與發現的。所以，如果主管能夠運用一點巧思適當地讓聚餐發揮功效，便能讓這樣的場合成為了解夥伴與凝聚團隊向心力與的最佳助力。

在我眼中，**最棒的招募不是用「說服」的，而是用「吸引」的**。因為認同團隊而走進保險這塊領域的夥伴，通常也較能夠經得起職場上所必須面對的挫折與磨難，因為他們明確地知道無論發生什麼事，自己是有「家」可依靠的，無論面對什麼樣的挑戰與挫折，自己是有「家人」可以相挺的，身後有最棒支持系統。而打造出完善支持系統的重責大任，自然落在身為主管的人肩上，你準備好了嗎？

業務祕訣無他，視夥伴與客戶如家人，願意同好共榮，自然可以產生緊密連結的信任感。不需要靠「說服」就可以擁有高度的黏著。

如果招募只有一個關鍵字：那就是堅持

如果公司或者是部門的成員都能像家人一樣地相處，便會產生出一種強大的「一體感」，能夠突破一加一等於二的定律，產生一加一大於二的力量，在團裡黏著度與鏈結皆高的情況下甚至能夠產生一加一等於無限大的影響力。而這種「家」的歸屬感是需要刻意經營的。主管需要找到家的定義建立夥伴的歸屬與認同。或許一開始並不順利，但這種「家人」的間產生的同頻共振與影響力卻可以從點開始進入到面，再接著影響到整個團體。欲讓員工的思維與認知從「單向的我」，進入到「團隊共識的我們」，其最終的關鍵點仍在「堅持」。

就像大家所熟知的「飛輪效應」一般，在認知上要從「好像是」過度到「是」，在進入到「絕對是」的強烈認同是相當耗時費力的。所謂的飛輪效應指**為了使靜止的飛輪轉動起來，一開始你必須使很大的力氣，一圈一圈反覆地推，每轉一圈都很費力，但是每一圈的努力都不會白費**，飛輪會轉動得越來越快。達到某一臨界點後，飛輪的重力和衝力會成為推動力的一部分。這時，你無須再費更大的力氣，飛輪依舊會快速轉動，而且不停地轉動。團隊的凝聚力就是這樣產生

的。在那之前，身為主管必須要「從一而終」，堅守自己的信念，堅定自己設定的團隊氛圍，行動維持「一致性」，同時持續做到關心夥伴也關心夥伴的家人。如果不知道從何開始，那就從「像家人般同樂的聚餐」開始吧！

當身為主管在籌組團隊前，您必須在心中對自己的團隊有清晰的樣貌，對團隊的未來有清楚的藍圖，請先詳細思考：

· 我要營造出什麼樣的團隊氛圍？

· 在聚餐中我希望夥伴能夠感受到什麼？

· 我希望建立什麼樣的信念與價值？

· 我希望吸引什麼樣的夥伴？

· 我有什麼樣的規劃可以達到我想要的目標？

· 實際落實的可能性？

· 如何檢核與修正？

· 團隊中的助力與阻力各自為何？

· 如何善用資源？

我期望帶領自己的團隊夥伴前往什麼樣的未來？

2-3　擁有共同的語言是最好的溝通

　　相信多數人同意，要成為一名頂尖的招募高手，除了對自家產品的精熟通透之外，「會說話」是一定的要件。所謂的「會說話」指的是有清晰的口條，能夠適切地表達，讓對方能夠理解核心精神與理念，但光是這樣就能夠招募到人才嗎？不，我們都很清楚，沒有那麼容易。其實，「會說話」指的是要能夠擁有良好溝通能力，既然是溝通，那麼，就代表了「會聽話」也是一體兩面的要求。在聽與說之間，能夠達到彼此間信任的建立與需求的了解。因此，頂尖招募高手，不一定要具備有舌燦蓮花的功力，但一定要能夠與對方進行誠意滿點的良好溝通。

準備好的人一定會有機會

　　溝通不是單向的作為，而是雙向的互動。「聽」與「說」是同時並存的。要讓對方能夠把話聽進去，還真的需要一點天時、地利、人和。能夠在對的時間，遇到對的人，做對的事，說對的

話畢竟只是一種導致最佳結果的理想期待。而在實際的情況上，相遇的場所與時機往往在我們意料之外，我們無法預料對方一定會開啟願意溝通的大門。無論自己多專業，花多少時間琢磨溝通的技巧，當沒有辦法架構一條順暢的溝通管道，一切都是空想。因此，分享最重要的關鍵點是：我們有沒有機會對招募的人才說？對方願意給出多少時間聽我們說？以及對方願不願意相信我們所享的一切？在煩惱這些之前，請先思考，自己有多期待跟對方進行溝通。無論對方多麼刁鑽與難應付，**能否跟客戶對上話，往往取決於你有多想跟對方對話。**

　　機會不一定是留給準備好的人，但準備好的人一定比那些平時沒有準備的人更有機會。身為頂尖的招募者，事前除了要熟悉自己的產品與產業之外，也必須發展出專業以外的某些特定的興趣與喜好。這些興趣與喜好，就是得到機會的入場券。如果沒有特定的喜好，在此建議以普羅大眾皆感興趣的項目作為出發點，比如，品茗、咖啡或者是酒類等，這些有錢、有閒才能定下來做的事，不僅是一般高端客戶感興趣的項目，對於一般的客戶或潛在招募對象來說，都是破冰很好聊的話題。

　　近年來大家重視健康，所以保養、健身、運動、健行等也是一般人高度感興趣的話題。如果以上各項涉略皆淺薄，那麼也可以嘗試諸如星座命盤、塔羅牌卡、或者是生命靈數這些看似休閒

娛樂意味濃厚的「小玩意」，也是很容易就能夠讓對方卸下心防的一種溝通方式。

猶記得我被派赴大陸進行陌生開發時，面對不同生長背景的中國人，星座命盤的知識便成了我的最佳助攻，讓我在增員路上走得平順。因此建議各位頂尖的夥伴們，我們不一定需要十八般武藝樣樣強大，但一定要在身上備上一、兩樣能夠與人輕鬆開門的知識或技巧，只要能夠再多聊上幾句，破冰與建立信任度就指日可待了。

營造對方感興趣的話題

面對一般容易聊到天的對象，尚且須要攻心為上，想要與「一面難求」的高端客戶或優秀人才進行互動與溝通，就更需要費心了。當我們對應的是具有高知識水平的對象，或者是在自己的專業領域擁有一番成就的人才，就必須要能夠「以對的語言說對的話」，而這「對的語言」，在這裡就不是，講對方想聽的話，或者是稍感興趣的話，而是「擁有共同的興趣或話題」。

誠如先前所提到的，「最容易成交的是時刻是忘記成交的時候，而最高端的行銷是不做行銷而產生行銷的效果」。**擁有共同的語言是最好的溝通。除了聽懂對方在說什麼，你必須真的懂自**

己在說什麼。**也就是說，無法淺談而必須深交。**常言道，話不投機半句多，多數不投機的原因是因為「你不懂對方的明白」。若話題搭不上，就沒有辦法再往下開展。**營造對方感興趣的話題，方能開啟互動的契機。而開啟之後，如何延續就考驗一個人的功力**。是以，想要成為頂尖招募者，要先捨得投資自己，各提撥部分的收入在專業上、在多元興趣上，以及能與頂尖人才對談的話題上。

其實不論談業務或是招募人才，**投資自己是創造共同語言與同頻共振的不二法門**。不要拼命追逐一匹馬，到最後只會精疲力竭還不一定追得上，最快能夠與人群打成一片的方式就是把自己放進馬群裡成為馬，放在鷹群裡成為一隻老鷹。我曾經鎖定一位高端客戶進行開發，雖然變成了朋友，但是一直都沒有辦法把保單談下來，直到有一天我發現，他對好咖啡成癮，於是我開始熟讀學習咖啡的專業知識，在一次聊天中把咖啡當成主要聊天內容，便順利打進他的生活圈，共同的興趣促成了保單的成交，而該名客戶也因為信任，介紹了許多同樣財經實力背景的客戶給我。換句話說，我同時也進入了高端客戶的人際鏈中。

另外一個例子是，由於自己的一名客戶深愛品茗，為了能夠與其進行深入對談，我決定去學習如何製作手工茶壺，並且將茶壺送給他，在這個過程中，不僅獲得高端客戶的保單，也因誠心

就教而與製茶壺的師傅成為莫逆，之後，他也成為了我的客戶。如果僅談皮毛，話題很快就會結束，但如果是擁有共同興趣的人之間的對談，那麼，話題就像情話綿綿不絕。是否真誠喜愛，明眼人一眼就辨識的出來。銷售的最高境界是不賣產品，賣自己，不售服務，授誠心。誠如打破汽車銷售世界金氏紀錄的頂尖銷售員喬吉拉德的名言「**不管你賣什麼，你永遠賣的是你自己**」。

　　招募的祕訣無他，你必須能夠真正懂自己、懂人才、懂彼此共通的「語言」。再好的公司與在精美的產品，都比不上把時間花在投資自己拿到準入的門票，擁有能夠進行同頻共振溝通的話語權。

投資自己，打造自己的金錢螺旋。
我們所花出去的錢，會自動流回口袋。

誠如《花掉的錢都會自己流回來》的作者是 Mentalist DaiGo
所提到的，要讓自己所賺的錢產生自動的「金錢螺旋」，我
們必須要把自己的興趣收益化。

也就是說，投入自己所賺取的金錢，培養或提升興趣的專業
度，然後再以得到的能力賺取更高的收入，接著再把自己所
賺取的一部分收入投入專業的精進與提升，然後再得到賺取
更多金錢的專業能力，如此一直反覆循環下去。

作者所建議的「建立金錢螺旋的四個步驟」有：
1. 找到自己真正興趣
2. 徹底投入於自己的興趣之中
3. 想方設法將興趣和收入作連結
4. 從興趣中得到收入，再投資

如果招募只有一個關鍵字：那就是堅持

在開發高端客戶上，若自己原本的興趣無法引出共鳴，則可將高端客戶的興趣視為自己的第二興趣，用心學習，投入金錢螺旋的模式，得到更多效益，也產生更高興趣，建立起的專業，便能成為準入高端人際圈的門票。

結合本身多年經驗，針對金錢螺旋在保險行業的實際運用，我以下有兩則建議，可供各位業務夥伴作為參考：

梁心建議 金錢螺旋基本版

1. 建立保險專業及相關知能

2. 投入一般共同興趣項目

3. 建立自己真正的興趣

4. 結合前三者得到收入（保單成交），再做投資

梁心建議 金錢螺旋進階版

1. 發掘頂尖客戶共同興趣

2. 徹底投入研究客戶共同興趣

3. 想方設法進入客戶的共同興趣圈

4. 從興趣中得到收入（保單成交）再投資

投資理財有賺有賠，風險盈虧要自負，而物質會隨時間損壞，但放進腦中的知識跟能力是不會消失的，更能成為打進各個層級的共同語言。但是，投資自己穩賺不賠，無論何時開始，都是最好的選擇。

・ 展新屋最強的主管群

· 區拿到全國高峰會第一名的團隊

如果招募只有一個關鍵字：那就是堅持

第三章

如果**領導**只有一個關鍵字

那就是陪伴

3-1　最好的領導是以身作則

　　身為一名好的領導者，所要具備的特質相當多。管理大師史蒂芬柯維（Stephen R. Covey）曾說過：「領導力不是來自你所處的位置、頭銜、排名或是地位，領導力是藉由「道德權威」〈moral authority〉獲得，而道德權威必須藉由專注、誠實、熱情與值得信賴來建構。」

　　簡言之，所謂的「領導」就是「做人」，而領導方式就是做人方式，領導風格自然就是做人風格，因此不同的領導者帶領出來的團隊特質也因人而異。但不管領導人本身是哪一種性格，在柯維所提及的道德權威建立因素中，**最重要的領導核心，是信任。而信任來自於領導者行動，而非語言。**做人必須要能被信任，先決條件是要有能被信任的事實。

讓人心悅誠服的領導力

誰說領導就是我說你做？誰說領導者一定要最優秀？誰說團隊一定要磨出來？

以我自身為例，我從一個桃園市區的冠軍區總監被公司調任到全國業績倒數十名、桃園區部的最後一名單位翻轉到能夠成為連續拿到 2 次單月全國冠軍的頂尖團隊。我所處的單位，位處桃園市比較鄉下的新屋區，單位在新屋區的市場正中心，論熱鬧程度那是一流，但論成績一直以來都是默默無名，然而公司的副總卻因為團隊的創新優異表現，到訪過四次。我把從素質參差不齊的業務同仁到人人變成 Top 業務的堅強團隊，現在我的團隊有將近百名同仁，更有將近 30 位 MDRT（**保險業的奧斯卡獎**）菁英，這不是灑金粉就可以變出魔法的。

曾有人問我，如何能夠讓了無生氣的團隊重燃熱情？如何能夠吸引到這麼多具有高度向心力的成員？如何能夠有效管理這麼多的部屬？如何能夠拿下這樣輝煌的業績？領導的秘訣與心法究竟是什麼？我笑著回答：「**以身作則而已**。」這麼簡單？是的，就是這麼簡單？這不是藏私，在我看來，「以身作則」的確是說起來容易，要持續就沒那麼簡單，而這是領導者最重要的一件事。

如果領導只有一個關鍵字：那就是陪伴

所謂的領導，必須要帶領及引導眾人一起為同樣的目標努力、往同樣的方向前進，要讓萬眾一心，靠的不是強勢壓迫而是讓對方能夠心悅誠服。**愛因斯坦說：「以身作則不是影響他人的主要方法，而是唯一的方法。」**多數人在從事保險的路上努力讓自己成為領導者，其中最大的誘因當然是能夠藉此提升薪資水平，擁有較為優渥的收入。但其中有一部分的原因則是認為若自己能夠晉升到領導的層級，在各個方面上就能夠掌握大方向，不再需要辛苦地親力親為。但實際上，身為領導者不僅在思想上要想得更深，眼界上要更宏觀，在行動上更要親力親為，甚至必須要跑得比部屬更快、做得比部屬更踏實。隨時隨地在各個面向上都能夠「以身作則」。

　　多數人對於領導，仍舊囿於傳統觀念，換了現在的位置就忘記了同理過去的自己。忘記了每個員工與部屬，都是曾經的自己，他們的心情與困境，都是自己曾經經歷過的。以往面對只會動口不會動手的上司是什麼樣的心情，現在自己的團隊面對只說不做的自己就會是什麼樣的感受。**頭銜是被賦予的，隨時都可能改變，唯一不變的是領導者自己本身。**因此，成為領導者之後，若想要贏得同仁的尊重以及獲得夥伴的支持，就必須在對同仁的要求上先能以身作則，做好做滿。領導統馭應該是一種雙向對話，不是一種單向的獨白或命令，領導者必須要言行一致，才能據以說服他人。

　　所謂的領導統馭就是樹立榜樣，「**刮別人鬍子之前，要先把自己的鬍子刮乾淨。**」主管必須嚴格地自我要求，無懈可擊地自我要求，自己沒有做到的事，不能要求屬下，否則非但不能管理屬下，甚至會被屬下瞧不起。美國作家肯克西說，「**不能指點別人去做某件事，領導者必須親自示範以證明自己。**」身為通訊處的主管，所做出的決策與宣言，雖然能夠左右部門的風向，甚至影響業績的多寡，但就實際情況而言，能夠帶動下屬往前的，往往不是領導感人肺腑的話語或者是熱血激昂的口號，而是領導者的所作所為，讓部屬感受到真誠。只有自己能夠先做到，要求才能夠被接受，只有自己能夠先達成，部屬才能夠心甘情願地追隨著。

　　再者，以身作則是一種最有驅動力卻最不著痕跡的陪伴。日本經營之神松下幸之助曾說到：「**經營者最重要的是以身作則，只要真心誠意地做，週遭的人就不會一直旁觀。**」領導者的作為大幅度地決定了一個部門的文化與氣氛。領導者的習慣，也往往成了員工習慣建立的直接仿傚對象。**要命令別人執行工作，只要擁有職權可以了，但是要贏得別人的尊重，卻得要靠自己的作為。**部分夥伴曾經反應過自己的某個同仁非常不積極，團隊「帶不動」的現象讓自己非常挫折，在我看來，這樣的情況難免，但

是，身為領導者或許可以先思考一下自己是否站在「與夥伴同在一起」的位置，而不是光站在高處往下看。想要團隊齊心協力，必須先審思自己的領導方式究竟是「以身作則、「同甘共苦」抑或是「督促要求」、「鞭打責難」，前者能夠培養不需要命令就能完成目標的團隊，而後者則會訓練出主管不用力推就無法往目標前進的團隊，這端看領導人的特質。

Facebook 創辦人馬克祖克柏格說，如果你充滿熱情的做你在做的事，就不需要有宏遠的計畫來讓事情順利發展。雖然身為主管，但是我對自己的要求是**比團隊提早到，做的永遠比要求的多**。當我們希望團隊的成員與夥伴能夠對自己的工作充滿熱情，要做的不是耳提面命，也不是到街口喊口號宣示自己擁有火熱的靈魂，我們要做的是，讓團隊的每一份子看見領導者打從內心深處散發出對團隊的熱愛與對工作的熱情，當我們告訴夥伴必須要待人以誠，我們就必須要能夠讓夥伴感受到我們的誠懇。領導人的魅力能夠吸引團隊成員，但是這種黏著度能夠持續多久，端看領導人是否能保持以身作則，以及是否能保有一致性。

不僅是在業績上、在工作態度上以身作則，甚至在個人的言行上，我也一直要求自己必須要先做到，舉例來說，在公司舉辦的「大富翁小富婆」減重比賽中，我宣告自己要在二個月內減重二十公斤，這在一般人眼中是極為嚴苛的要求。多數人對於我做

出這樣的決定皆認為是「不可能的任務」。但在我的信念裡，**只要我想做，我一定會做得到**。為此，我到健身中心健身並且嚴格執行自己的減重計畫，在二個月當中，減去二十四公斤。

藉此，我認為並非是自己過於常人的能力，而是想要讓團隊夥伴們看見自己的「言出必行」。過程中，我的能力與毅力不言可喻，於是當我高喊要帶他們成為全國冠軍時，他們不僅堅定相信，並且躍躍欲試，顯見領導者的「以身作則」要比任何優美的語彙及動人的口號來得更激勵人心。感受度是最直接的，領導者必須先思考能夠用什麼樣的行動來以身作則，讓夥伴能夠有所感受。如果我們無法讓團隊裡的成員感受到我們對目標的渴望，那麼，再好的願景與規劃都是虛無。

雖然領導者多數必須要肩負著帶領團隊讓業績達標的任務，但領導者的工作不僅是達成數字目標而已。真正的領導和年齡、資歷、階級、職稱無關，卻和「信任」牢牢相關。一個領導者的基本要素便是：站起來，帶領眾人。**「站著只是一塊土地，往前走才是道路」**，以我自身為例，我若要求部屬必須要學習新知，我也一定陪著部屬一起上課。我若要求部屬必須通過證照考試，我必定獲得該證照資格。我會告訴同仁，我做得到，你們也一樣做得到。我會讓同仁知道，我對他們的所有的要求都是合理的，因為我自己能夠做到，並且已經做到。我會讓大家感受到，我一

直陪著大家一起，在我的團隊裡，沒有人是孤軍奮鬥的。

　　德國企管大師萊納德‧史布萊格爾說：「**信任是主管與部屬合作關係中最基本的因素**，管理就是將策略和信任有力的結合在一起，如果兩者無法兼顧，寧可選擇信任。」因為「信任」是維繫著團隊中每個個體的堅實力量，所有的領導策略皆可視實際狀況隨時進行調整，一點一滴建立起來的信任卻不能容許輕易被撼動。

　　領導祕訣無他：最好的領導不是擁有高深的技巧，而是具備以身作則的態度與執行力。想要擁有什麼樣的團隊，就先成為那樣的自己。

梁 心 建 議

美國史雷頓創投公司董事長史雷頓（Gregory Slayton）曾對「有影響力的領導」做出解釋，他認為，所謂「有影響力的領導」就是一種管理學界所謂的「僕人式領導」（Servant Leadership）。僕人式領導即是一種「以身作則」的無私領導哲學。如何讓員工「心」甘情願，而非「薪」甘情願做事，領導者本身能夠做到的「以身作則」程度與持續度擁有很大的佔比。某種程度上，「以身作則」必須要擺脫領導者的「偶像包袱」。進入到「我們都是一樣的」的狀態。這是身為領導者必須要調適的。

對於剛進入領導階段的夥伴，我有幾點建議供大家參考：想做到「以身作則」，就盡量多從「我」出發。在思考問題或與部屬對話的時候，能夠把習慣性以「你」為開頭的句子，改為以「我」為開頭的陳述。

例如，「你怎麼會把事情忘記了？」改為，「我可以請團隊為你提供甚麼協助？」或者，「你怎麼無法配合？」改成，「我能夠為你多做些什麼？」若領導者能夠凡事先從自身做

如果領導只有一個關鍵字：那就是陪伴

起，隨時梳理好自己的心態，並且建立當責的良好形象。爾後，若必須對部屬在職務上有求當責，方能降低抗拒，並獲得部屬的認同與仿效。

按照常態，群眾會觀察領袖是否具備勇氣，然後才會決定是否要跟隨者他。同理，在一個團隊中，夥伴會觀察領導者是否具有勇氣、真誠、有熱情或者是具備當責的肩膀，團隊需要的是能夠以身作則的領導者，一般而言，若領導者能夠以身作則，展現出更大的勇氣，團隊成員便能夠展現勇氣，若領導者能夠堅持，團隊也具有較大的凝聚。換句話說，**領導者想要什麼要擁有什麼樣的追隨者，就必須要先擁有那樣的特質。領導者想要追隨者做什麼，自己必須先帶頭做起。**

最棒的領導是一起成長

領導從來都不是件簡單的事。規模小的團隊雖然容易帶領且機動性高，但是出擊力度可能不比成員數多的團隊，領導人容易陷入無力感。反之，規模大的團隊可能因人數多，或許較為容易在業績上締造紀錄，但是成員間的磨合問題較為複雜，同時領導難度亦較高，容易讓領導人陷入挫折感。因此，如何讓自己的團隊成為一支精銳尖兵為己而戰，似乎是所有領導人的課題。

然而對我來說，我並不著眼在如何培養出為我作戰的精兵良將，我希望能夠培養出一個人人可以當領導人的團隊。因為我相信，**一個成功領導者的最高境界，就是藉由成就他人來成就自己。**

優秀者只需要告知目標，然而敬陪末座的夥伴，卻需要更多的鼓勵。我在從事保險業務生涯中面臨許多挑戰，其中就包含曾被視為是「燙手山芋」的績差單位。在我接手的時候，業績尚且處於「低迷」的狀態，而在我進入領導後，要如何突破現況著實讓我費了一番心思。曾是全國冠軍區總監的我，當下決定捨棄以個人身去參加高峰會，決心帶領團隊一起前進夏威夷，我要讓所有的夥伴能夠一起挑戰高峰會。若想要以單位的名義參加高峰會，就必須要十個人以上達到業績才能夠入圍，以那樣的體質進軍高峰會的確是很冒險的。但是，除了以身作則先達到公司的業績要求，我告訴他們，「現在開始我不做業績，我陪你們，我要讓你們帶我去高峰會。」接下來便是全心全意陪同團隊夥伴與客戶洽談高額件。這曾在大家眼中認定的「癡人說夢」，卻在我堅持「共好」的行動下成真。也有單月達成了公司創新突破的業績，單月完成了3186FYP，也是單位成立十四年來最高的單月業績。

在這次高峰會上，單位也完成了15位人一起去參加高峰會，打破單位的最高紀錄，相信就會有力量就會有好結果。

在領導上，我想要成就的不是個人，而是團隊，我培養的不

是一個戰無不克的超級強大業務團隊，而是未來人人皆能夠揮軍領兵的領導人天團。因此，一路走來，除了在要求上秉持著「以身作則」一貫態度，同時在心態、思維與作為上，堅持「共好共榮」與「捨得讓利」，因為在我的心中，**所謂的團隊，不是集眾人之力成就一人之大業，而是以團隊之力，成就眾人之福利**。領導的過程中，團隊成員一次一次看見「從無到有」的過程，這期間累積出信任感與向心力是堅實難破的，也因此團隊開始主動地將許多的不可能變成可能。

為何我會以將團隊裡的每個人培養成領導人作為我帶領團隊的目標？最主要的原因也是很多身為領導者容易忽略的地方：**在一個團隊裡，決定績效的並不是最強的那一位，而是最弱的那一個**。根據以色列物理學家高德拉特（EliyahuGoldratt）所提出的「限制理論」（Theory of Constraints，TOC）：由於資源有限，任何系統（企業、組織）至少會存在著一個限制，而這個限制即是組織系統當中最弱的一環，唯有從它改善，才能增強整個系統的強度。換句話說，在保險業務團隊裡，也一定存在著部分較弱的成員，可能是本身的經驗不足，也有可能是專業知識能力需要補足，或者可能是在與客戶的應對技巧方面需要加強等，這些成員即是高德拉特口中的「限制」。而這個限制決定了一個團隊達成目標的速度，所以領導者必須先從克服限制（發現限制、突破限制、消除限制）著手，才能以更快速的步伐在短時間內提升系

統的產出（業績績效或保單成交）。

　　當限制不再是限制，就無所限制。對於團隊裡必然會存在的限制，我們要做的，不是面對、接受、放下，我們可以做到的是：發現、提升、改變。多數領導者帶領一批新的成員時，通常會先考量成員的專長與優點做為領導策略的安排，但往往忽略了必須要全面了解，成員的缺點與限制才是團隊理可能會產生影響的風險，領導者必須要主動進行風險管理，甚至進一步讓風險降到最低。除了排除不適任、無心從事保險行業的幽靈人口。對於留下來的有心人，要一視同仁，當成菁英來打造。

如何看待別人就會如何對待他

　　風險管理的第一步，就是發現風險的存在。由於團隊中的個體是由複雜的多元的構面所組成，所以領導者對於團隊成員的個性、專長與家庭組成和背景都需要有一定程度的了解，尤其保險業務員來自四面八方，所擁有的專長皆不相同，團隊成員算是一個異質性很高的組合。雖然說領導者在增員的時候已經做過初步的篩選，但是讓夥伴能夠各司其位，發揮自己的長才，讓團隊能夠有堅強的實力，需要領導者對於團隊成員在各方面皆能有充分的了解。領導者給予的信任感越強大，能夠了解的深度與廣度的幅寬就越高，組織成員對於領導者的安排與領導也越信服。

當領導者了解團隊所存在的風險的性質與評估可能會引發的結果之後，接下來領導者要進行的是提升組織成員的能力。因為突破限制的另一面就代表了降低組織的限制。能不能突破限制或者是幫助團隊成員提升自我能力與專業，這其實有很大的成分取決於領導者發現限制之後的態度。

當領導者發現一個會拖慢團隊的成員，心中產生的是排斥、抗拒、不想要的消極想法，還是有所挑戰、能夠幫助別人、可以一起變好的積極心態，就決定了突破限制的速度與團隊成員能夠提升的程度。正如同德國作家歌德所說的，「**你如何看待別人就會如何對待他，而你如何對待對方，他就會變成那樣的人。**」當領導者期待員工成龍成鳳，甚至將員工視為不可多得的將才，那麼員工也會對自己有所期待，若能讓團隊成員有生存與發展的空間，那麼他將有可能逐步成長攀上高峰。

管理者對於部屬的觀感與應對方式，將會直接且深度影響部屬的表現。此即心理學上的畢馬龍效應（Pygmalion Effect）。畢馬龍效應是由哈佛大學心理學教授羅伯・羅聖索爾（Robert Rosenthal）與傑柯布森（Jacobson）兩人於 1968 年所進行的研究而來。兩位學者將學校中一群 6 ～ 12 歲的兒童分成實驗組與對照組以進行智商測驗。在測驗結束之後，學者告知學校的教師們實驗組的孩子們智商較高，老師因此為這些較高智商的學童

設計較艱難的課程，也花費較多的時間回答高智商孩子們的問題，在教學上也較為認真。一年之後再進行施測，學者發現這些孩子的智商分數顯著增加。但事實上，實驗組和對照組的孩子們只是隨機挑選，智商高低並沒有太大不同，但是由於老師期待學生會有比較好的課堂表現，因此影響了他們的教學態度與方法，學生經由這樣教學方法的刺激，智商也真的增加，形成良性循環。於是這個發現被廣泛應用在各個領域。

1988年史德林·李維史東（J.Sterling Livingston）在《哈佛商業評論》（Harvard Business Review）上發表了〈管理上的畢馬龍〉（Pygmalion in Management）一文，他認為管理者對部屬所期待的工作表現，會影響他們對待部屬的方式。若管理者告訴部屬他們能勝任某些工作並可獲致成功，部屬通常能超越管理者的期待而且做得更好，這就是畢馬龍效應。

簡言之，就是領導在對於團隊成員的實際能力（N）所應對的態度必須再加上一，再多一點，如果夥伴只能做到一，我們要將他視為能夠做到十，而且予以對方充分的信任感。堅定相信與支持。如果領導者可以拋去成見，撕掉團隊成員的標籤，善用激勵的方式讓團隊成員從內在突破自己的限制，那麼成員的自信將因此增加，潛能也將被激發。**「沒有差別心」以及「期待 N+1」是讓團隊從異質到均質的最佳方式。**

「讓利」是多贏思維

談完領導者的共好心態，還有一個很重要的關鍵就是「讓利」的思維。多數領導者為了要讓團隊成員有努力往前衝刺的動機，所以「掛紅蘿蔔」與「畫大餅」的舉措時而有之，但身為一名優秀的領導者要做到的不是在口頭上讓利，必須實際做出讓員工有感的讓利行為，使組織成員感受到自己的努力拼搏是有實質回報的。

雖然強將手下無弱兵，但若兵士上場打戰還必須要分心擔憂生計，是沒有辦法無後顧之憂往前衝刺的，若兵士犧牲自己拋頭顱灑熱血換來的僅是上司光榮，耗盡時間與精力卻只能眼睜睜看到上司生活品質提升，而自己的生活沒有跟著改善，甚或是看著自己的努力不斷拉開領導者與自己的差距，那麼，任誰都沒有辦法提上心力繼續拼搏。是以，領導者必須要懂得讓利的重要性，讓每個團隊的成員感受到自己努力所能夠獲得的價值。

究竟領導者把團隊成員視為「員工」、「夥伴」或是「貴人」，這決定了領導者最終能夠得到的團隊性質、高度與層次。領導者之所以為領導者，不盡然是在專業上過人一等，但一定在視野與層次上超脫一般。除了實質上的分潤，凡事站在對方的角度思考，讓事情圓滿，這也是「讓利」。領導者能夠藉由「讓利」

的作為而帶來眾人的最大利益，也同時能因此替自己帶來團隊成員的信任、合作與友誼。「讓利」是雙贏甚至是多贏的思維，倘若能讓團隊裡的每位成員都能夠成自己的貴人，讓團隊中的彼此都能成為相互間的貴人，以身作則讓團隊裡的每位成員感受到，我們追求的成就，不需要踩著別人往上爬，彼此可以互相提攜一起往上爬，甚至可以幫助彼此越攀越高，那麼團隊間將形成一股牢不可破的屏障。

　　之所以有「讓利」的思維，是傳承自父母親的以身作則，他們常常給予身旁的人多一點，也不會藏私。自小從父母的身上耳濡目染所學到的一舉一動　，讓我感受到「讓利」可以超越競爭達到共好。因此，我認為最棒的領導是大家一起變好，也一直走在與團隊共好的路上。「捨得」是一種一體兩面的概念，**在團隊的建立上，有捨才有得**。領導者除了論功行賞，還能夠將榮耀與利益雨露均霑，那麼，**有形的數字換到的是無形的向心力**，而且下一次會更加的努力。正所謂「**讓利才能無往不利**」，領導者必須要懂得「以小博大」，眼前的利益可以換到忠誠與團結，值得！在我的認知中，無論營收多少，犒賞員工的付出絕對不能省，通常撥出自己收入一成來獎勵團隊的努力，並且感謝他們的辛勞！當然每位領導者對於犒賞員工的方式各有考量，不管採用什麼樣的方式，請記得員工的付出不是理所當然，團隊的努力也不是天經地義。

最後，我們來談談為什麼我以培養領導人的模式來帶領團隊的每一個成員？道理說穿了其實很簡單，除了風險管理與消除團隊限制，若能夠將團隊成員培養成領導者，將享有絕對的優勢，試想，如果一個頂尖的領導者，帶領了一千名的團隊成員，雖然看起來聲勢浩大，但是發展僅止於團隊成員本身，是一種扁平組織。所以，如果能夠把千人團隊成員都能夠變成領導者，那麼，每個成員的下面都會有一個堅強的團隊，那就不只是聲勢浩大，並且實力堅強。會呈現金字塔般的堅實結構。若自己的團隊成員也具有同樣的想法，那麼，大金字塔的每個基礎都是一個堅實的小金字塔，最後建構起來的就是任誰都無法超越的無堅不摧團隊。

組織由團隊成員構成，所以團隊成員越好，組織就越好，當領導者具有共好與共榮的心態，捨得與讓利的作為，就是讓團隊成長的最佳方式。**華倫‧班尼斯（Warren Bennis）曾說：「稱職的領導者能激發人們行動，使追隨者蛻變為領導者，使領導者又成為變革的催化劑。」**我期待在未來，每一個團隊的成員都能夠在保險的專業領域裡發光發熱。

領導祕訣無他：想要收穫什麼樣的果子，先那麼栽。最棒的領導是一起變好，頂尖領導者具備共榮共好的心態與讓利的作為，打造金字塔般堅實的團隊。

●

梁 心 建 議

我們若希望能夠將團隊的成員培植成理想中的夥伴，甚至是未來的領導者，除了必須以身作則，讓自己成為夥伴仿效與學習的楷模之外，在與團隊成員的互動之間，也必須留意到複製效應，團隊成員會從領導者的身上複製做事的方法與習慣，也會從領導者身上複製對應的方式，加倍奉還。因此，**我建議領導者多運用「黃金法則加 N」。**

所謂的黃金法則就是，想要別人如何對待你，就該以同樣的方式來對待別人。但因為每個人所需要被激勵的方式皆有所不同，並不是同樣的方法都能夠運用在每個人身上。

N 個人就有 N 種對應方式，喜歡受矚目的人若得到公開的表揚讚許則會感到加倍的光榮，不喜歡被注意的人若在私下被鼓勵，則會備感窩心，若是反過來，不但效果大打折扣，還有可能適得其反。在這邊，我提出「黃金法則加 N」，就是以每個人喜歡的方式來對待他、以每個人適合的位置安排他的職務、以每個人想要的態度予以回應……。

簡言之，一切圍繞著「對方的喜好需求」出發，領導者面對團隊成員需要有調整的「彈性」、反應的「速度」與以身作則的「穩定性」，在互動中發覺與發掘每個人喜歡的方式、適時傾聽並了解每個人的需要，並據此調整出對彼此最舒適的領導風格。而自己的這一套模式，也將在耳濡目染與感同身受的情況下被複製移植到即將成為領導人的團隊成員身上，形成特定團隊的文化。

此外，畢馬龍效應是領導者選擇的行為改變技巧中最簡單且效果最直接的方式，但是，在這邊則要提醒領導者注意避免產生漣漪效應（ripple effect）：

雖然我們要對團隊成員抱持高度期許並多做鼓勵，但每個人的人格特質不一，面對事情所採取的反應也不同，人非聖賢孰能無過，沒有人是完美的。

因此，面對團隊成員所犯的錯誤，身為領導者，除了要以較大的包容心去看待，並且用引導的方式陪伴之外，若真的需要讓成員意識到該作為的嚴重性，則必須要注意避免單一事件的處理過程中所產生的漣漪效應。

美國心理學家康尼（Jacob Kounin，1970）發現老師的管教態度越明確，在其教導下的學生，就會越守規矩，而且此種效果可以擴散到其他同學身上。

而老師的憤怒和威嚇並無法改變情況，只會造成學生的不安、焦慮與迷惑。因此，領導者獎勵某些成員的優良表現或者是指責個別成員的錯誤與偏差，常會影響團隊成員的行為表現，身為領導者必須要有所覺察並且謹慎為之。

打造頂尖 DNA

最佳的團隊默契是玩出來的

影響團隊業績其中最關鍵的因素，通常不是最頂尖的業務員，反倒是整體表現最弱的那一名。畢竟團隊成員不是電腦精選的土豆，每粒都差不多。領導之所以不容易，是因為進入領導者這個層級時往往會發現，夢想是美麗的，現實是殘酷的，團隊裡的背景、層次、專業、個性的差異超乎想像，要能夠帶動團隊不如想像中容易。

讓團隊能夠強健壯大，光靠領導者一個人是不夠的。團隊合作有一個相當重要的觀念，就是能力強的要輔助能力較差的，而是需要「刻意練習的」。通常，在業績上比較難讓團隊體認到「濟弱扶傾」是對自己「相對有利」的行為。因為人性使然，在「利他」與「利己」之間，多數人往往會選擇利己而非利他。於是，針對團隊默契的培養，我建議，讓他們「一起玩」。

為同一個目標合作奮鬥

以我自身的團隊為例，除了在業績上，我想帶領他們進軍全國趣味競賽為了成為全國冠軍而共同努力之外。想帶他們參與全國趣味競賽，挑戰連霸九年的趣味競賽冠軍團隊。在我心目中，這兩種截然不同的「冠軍」我一樣重視。我相信在多數領導者眼中締造業績紀錄是團隊的第一要務，認為團隊合作只為業績存在，寶貴的時間應該用來拜訪客戶、多餘的心思應該拿來研究如何拿到保單，把大把時間用來「玩」，簡直就是暴殄天物的行為。

但在我眼裡，最佳的團隊默契是玩出來的。讓團隊一起感受為同一個目標合作奮鬥的過程，並非浪費時間的舉措。趣味競賽類的項目，舉凡籃球、團隊接力、團隊默契，是最快能夠讓新人夥伴破冰的方式，也是培養團隊默契的絕佳方法，同時，更能讓夥伴們真切體驗到「互助共濟」的重要性。

就拿破冰這件事情而言，結結巴巴的上台自我介紹、吃飯聊天所培養出來的感情，都遠不如把他們丟進球場上打一回籃球要來得深刻濃厚。很多單位的新進人員，在進入公司後只在台上簡單介紹兩分鐘之後，三個月內都不一定能夠有機會搭上一句話，更別提要凝聚彼此的共識或者是增進相互間團隊合作的默契。公司的組織結構越龐大、部門的成員就越多元，無法共融與交流的

情況就越顯嚴重。於是針對這樣的狀況，我安排公司的所有新進人員參加籃球比賽。

在組隊參賽的整個過程中，原本各自進出的不同樓層新進人員間互動開始增加，也因為必須要備戰而彼此開始熟悉，了解各自在場上的功能性。感情也在練習中更見熱絡。不僅生疏感迅速消失，合作默契開展之後，新人間在工作上開始彼此鼓勵、互相幫忙，這一切反映在業績上，是看得到的明顯成長。

許多企業在新進人員進入公司時，為了要讓新、舊員工或者是新進員工們彼此間能夠迅速熟悉，用心良苦地規劃聚餐、玩遊戲等活動，看來是一種順應潮流的方式，但是否能夠奏效端看公司成員的組成是否能夠接受這樣的模式。

舉保險業來說，有許多新進同仁是二度就業的夥伴，具有一定的年紀與資歷，也有許多原本在公司服務的同仁早就已經超過了退休的年紀，要他們拋下身段玩遊戲不但無法打破彼此間的陌生感，可能還會造成更多的尷尬與不適。因此，我認為在破冰這方面，趣味競賽的確要比遊戲來得有用，而且短暫的小遊戲通常沒有辦法讓團隊體驗到為了同一個目標流汗爭取的心理運作過程，是以我非常推薦領導者能夠把握任何機會，帶著團隊成員一起參與趣味競賽。

這樣的趣味競賽活動越頻繁，團隊夥伴間即便身處不同的部門，在互動中「我們是同一國」的團體意識油然而生。當夥伴們能夠打從心底認同「我們是個 team」，自然會把同仁當成是憂戚相關的共同體。讓團隊成員們迅速了解彼此的方式不一定要讓他們掏心剖腹，一個人究竟適合當統籌、當後衛還是當後勤補給，這個人的特質是膽大還是心細，有沒有企圖心，人格特質是適合衝鋒陷陣還是適合謀略指導，都可以在遊戲中以及趣味競賽中看出端倪。

此類團體競賽活動中，會自行整合出最佳的合作小隊，也會自動產生增補的鏈結。給新人參與趣賽活動並且設定要完成業績目標才能夠報名趣味競賽小組，這也會激發新人的潛能，而且有些經理人想趣味競賽會浪費業務做業績的時間，反之不但新人更有效率工作也會完成公司設定的業績目標。

培養合作默契的氛圍

不可諱言的，若終日以達成業績作為共同目標，團隊成員所感受到的壓力是相當重的，人的情緒容易因為工作場域所遇到的難纏客戶或者是突發狀況而產生耗竭，就如同橡皮筋在長期緊繃的狀態下，久了終究會疲乏。但是若是以「好玩有趣」的形式來做調節，鬆弛之間的轉換，讓團隊一直處在合作默契的培養氛圍

打造頂尖 DNA

中，一樣是競爭，可以輕鬆，可以歡笑，無利益與壓力的單純友誼將迅速滋長，更有助於團隊整體的向心力。領導者只要不斷地讓團隊成員感受到，我們是玩真的，我們是超級團隊，我們可以快樂地一起朝目標前進。團隊的凝聚力就會越來越堅實。

今年我許諾夥伴，若團隊能夠得到全國趣味競賽冠軍，我將獎勵十萬元，帶領大家赴日本旅行，同時，我也規劃了一系列的訓練計畫，並確實排進行程中，帶領同仁進行跑步、技能等訓練。要求在體能、靈活度及敏捷度上都必須要調整。可惜今年遇到疫情，日本之旅只能暫緩，但說到做到的原則，讓同仁們知道我是玩真的，所以他們也必須拿出玩真的態度來參與這整個過程。

除了重視趣味競賽類的比賽能夠讓夥伴迅速建立默契，產生共同感之外，我覺得有一個非常重要但卻往往被眾人忽視的觀念就是，在這樣的活動中，你我的界線將不那麼明顯，多數人考量的基準會從個人轉到群體，也就會特別照顧弱勢的隊友，加上趣味競賽的種類多，每個人都可能同時身為優勢者及弱勢者的角色，所以能夠在各種不同的競賽項目中，感受到身為優勢者助人的成就感，也能感受到身為弱勢者接受團隊幫助的支持感。這樣美好的合作經驗不斷堆疊，容易在日後移植到工作中。有過合作經驗的夥伴也較能夠在優勢與弱勢角色間做同理切換，將之對應

如果領導只有一個關鍵字：那就是陪伴

到同儕或者是客戶，並且將團隊間應相互扶持與濟弱的觀念內化。

　　如同一群軍人要在天黑之前經過森林到另一頭營區去紮營。剛開始時隊伍是一條線，後來發現走得快的人一直往前走，走得最慢的是一個小胖子，身上又背了許多東西，在後面將隊伍越拉越長；隊長先是要前面的人停下來，等後面的人跟上，但當後面跟上時，走得快的人又繼續走，走得慢的人越走越累，情況還是沒有改善。於是在休息過後，隊長就把小胖子排在隊伍的最前面，並要求大家幫忙分擔小胖子身上的東西，最後終於順利到達營區。

　　「整個團隊行進的速度，不是決定於最快的人，是決定於最慢的。」這個例子就說明了團隊成員相互支援的重要。我之所以鼓勵讓團隊參與趣味競賽類的活動，必且重視度不亞於業績的競賽，是因為我深深了解，抽象的言語比不上實際的感受。團隊能夠在這樣的活動中「內化」上述故事中「互助共好」的觀念，同時，團隊默契也容易在其中滋養茁壯，因為比賽把大家的那一份心拉近了，縮短了言語無法拉近的距離。

領導的祕訣無他：帶著夥伴一起玩吧！我們不玩遊戲，我們玩趣味競賽，無論哪一種競賽項目，我們都是 team，我們都是玩真的！

梁 心 建 議

不同於其他技術性行業，保險業是一項高度人性關懷的行業。員工需要同理客戶並且關懷客戶的真正需求。領導者如何培育出能有真誠服務新的團隊成員，端看領導者本身的思維層次。如果只將關注點放在業績上，那團隊僅為業績而存在，是無法久長的，這樣的團體一但失去利益上的優勢，將無法留住優秀的人才。因此真正好的領導，必須要能夠**讓團隊成員與夥伴們擁有像家人般的實質感受**。一旦團隊間有了如同家人般的共識與凝聚力，那麼，就能夠彼此互相照應、同心協力為共同目標向前。

身處業績掛帥的環境，團隊中的無人能對業績壓力感到倖免或置身於外，但是身為領導者，除了關注團隊的業績表現，帶領大家爭取各式各樣的榮耀之外，更應對於團隊的成員付出更多的關懷，並且鼓勵夥伴儘量撥空參與任何能夠增進身心靈健康的各種活動。因為健康的身體與良好的心理素質，是一切的根基，沒有健康的身體與健全的心理、就沒有辦法全心全意為事業拼搏。

是以建議所有身為領導者的夥伴們，特別要用心在團隊的健康上。除了公司本身舉辦的趣味活動競賽，領導者也能夠鼓勵團隊成員依照特質與興趣規劃如健行、登山、騎車、跑步、籃球、羽球等活動，以增進體能，降低因為工作疲憊所造成的生理疾病。同時，也鼓勵舉辦音樂欣賞、演奏、繪畫、弈棋、植栽、手作等可以調劑心靈與增加親子互動的活動，讓員工在百忙間能夠兼顧工作與家庭生活。也可以安排諸如太極拳、瑜伽、舞蹈、等活動，幫助夥伴緩和情緒與紓解工作壓力。若能夠「以身作則」，將上述活動排定甚至規劃成完整的流程，帶領大家一起變好變健康，效果自然不在話下。

· 員工拉拉隊比賽拿到全國第七名

· 員工趣味競賽拿到入圍獎金

如果領導只有一個關鍵字：那就是陪伴

第四章

如果冠軍只有一個關鍵字：

那就是學習

4-1

頂尖是永遠的目標

　　領導者對自己與對團隊的期待決定了團隊的動能的強度。是以，目標設定的適切與否，考驗領導者對於團隊的了解與自身的膽識以及對於團隊的承諾的實踐度。團隊的成員必須要能在領導者的身上看見願景實現的可能性，看見領導者的實際行動是往目標的方向前進的，此時，領導者所設立的目標，將成為團隊凝聚的黏著力。

將目標設定為「射月」

　　當我提出要帶領團隊拿下趣味競賽全國冠軍，團隊明白我是玩真的，我有足夠的信心帶領團隊成為全國冠軍，當然不是空口說白話，一旦允諾，就必須確切踏實地執行。

由於團隊的目標是驅使團隊前進的動力，目標設定的方式也因團隊而異。基本上，對於業務取向的工作，我一向建議領導者將目標設定為「射月」，因為有一句話是這麼說的，「如果你將弓箭瞄準月亮，就算沒有射到月亮，也會射中旁邊的星星。」這句話的意思是，要把目標設在對現有的團隊有一定的難度，但經過努力卻能夠達成的狀態，只要團隊肯朝目標邁進，就算不能一次就達標，也能離目標相去不遠。

　　基本上來說，設定目標的方式大致可分為射月型目標以及攻頂型目標兩種。所謂的攻頂型的目標設定，團隊追求的是可以到達山頂的完美一擊，所需要的是團隊 100% 達成達成率，通常會將之設定在團隊勉強可達成的狀況，而且稍具難度。而射月型目標設定，則是一種相當高難度的挑戰（≥120%），也就是目標的設定高過於團隊真實能力可以達成的狀態。在射月的過程中，可以搭鷹架讓團隊的成員學習成長，並且讓夥伴自己發覺其自身所能夠提供的貢獻與成長。

　　射月型的目標設定本身就蘊含著很多成長的可能性，所以我一律將團隊的目標設為拿到冠軍，因為沒有比冠軍更高的目標設定了，「成為全國冠軍」在我的團隊中就是所謂的「射月」，而團隊成員也在一次一次地努力之下，往「月亮」靠近。當然並非所有的團隊都有辦法在一開始就接受所謂最高級的目標設定，包

119

括我自己的團隊也不可能達到從一百六十幾名的名次一下子躍進到第一名。目前落在七八十名，已經是一種長足的進步，我的終極目標依然是那顆「月亮」，但如果一次射不到，那就兩次，就算再多次都無妨，我有足夠的耐心陪著團隊邁向目標。

當然，如果團隊無法一步到位，那麼多走兩步也是可以的。所謂的月亮，不一定是最終、最大的那一個目標，但卻是每一個階段中，比團隊成員能力在高過兩成的目標。所以，領導者在目標設定上的分寸拿捏是相當重要的。領導者，必須先瞭解團隊成員的屬性及能力，若一下子設定過高的目標，則容易讓團隊失去信心去追逐目標的動力，目標若過於簡單，遠低於團隊的實力，也一樣會讓團隊常處於安逸感，一旦要求達到高目標反而失去動力，所以領導者在設定目標的時候，必須審慎，並精準設定團隊成長的空間幅度。

簡言之，把握住擬定射月目標的原則，將之設定在超過團隊能力，但可以經由努力的狀況下達成，團隊成員既不會有努力也做不到的挫折感，也不會有隨便做便可以達到的缺乏挑戰，至於最適宜的目標落點位置該設立在哪裡以及團隊成長區間幅度該如何拿捏，都必須因人、因事而制宜，並沒有絕對的依循準則。

思維決定一切

冠軍的目標，就必須要有冠軍思維。我一向以將任何事做到最好的標準來要求我自己，也可以說，不管在什麼樣的情況下，冠軍都是我永遠的目標。即便被外派到大陸進行增員，我也是以做到證明我拿到冠軍的區總監實力為目標來要求自己。但是帶著台灣經驗支身到陌生的市場進行開發，初期還是會遇到些許的瓶頸與困境，接下來我想要分享的是，當目標的達成過程不若想像中的順遂，該如何面對？當領導者遇到了瓶頸、困境或者是無法突破的天花板，該如何因應？

當我們擁有的越多，我們害怕失去的也越多，而當我們遇到瓶頸時，恐懼往往便成為前進的阻力。身為領導者，在**遇到天花板的時候，請跳出傳統框架思考，我還可以怎麼做**？What will you do if you are not afraid?「假如你什麼都不怕，你會做什麼？」臉書營運長雪柔·桑德伯格不斷用這句話，鼓勵每個人放膽去做自己所有想做的，不被社會框架所限制。於是我將大陸的法規研究透徹之後，開始分析我的優勢與專長，決定以另類的方式達標。明確作法後，我針對高資產客戶辦講座，並且在講座時贈送占星券，而經過星座命盤的分析之後，幾乎所有的客戶皆成交保單。我更因此達到了高品質與高數量的增員。

如果冠軍只有一個關鍵字：那就是學習

誠如 1978 年諾貝爾物理獎得主 Arno Penzias 所說的：「規矩是用來打破的（Rules are made to be broken.）。」你永遠不知道自己所擁有的專長與發揮的創意，在什麼時候會發揮臨門一腳的助力。坦白說，除了平時與業者鑽研咖啡、茶葉等知識，我也投資自己學習塔羅牌與占星術，這在些技術在西方的地位相當於於東方的易經占卜與紫微斗數，絕不是信口雌黃或者隨口瞎說的話術，易經占卜與紫微斗數具有一定的準確度。曾經這樣的話題是我用以打入陌生客群的敲門磚，但卻從來未曾想過有一天我會把它拿來當作與客戶對談的語言，並且幫助客戶安排規劃的工具。

我未曾想過這樣的方式對於高端客群來說，依然奏效，但我做到了，而大陸經驗也再次應證了我一貫的信念：沒有什麼是不可能的。當業務工作遇到了瓶頸，創意與專長就是超能力，千萬不要替自己設限，反而應該要開始分析自身所擁有的一切工具，開拓新的契機。而身為一名領導者，更必須想別人所未想，為別人所不為，走在團隊前面當領頭羊。

當然領導者所遇到的困境與瓶頸要多過於團隊的其他成員，執行業務可能遇到困難、帶領團隊可能遇到瓶頸、而增員與策劃活動也可能遇到無法突破的天花板。當傳統增員已經到達了瓶頸，還有沒有其他的方式可以讓團隊被看見？增員需要巧思，於

是我開始了創意行銷的想法。每月通訊處都舉辦活動，吸引民眾前來，比如像是免疫細胞療法以及健康照護等相關知識的分享，我們並不行銷保險，但是運用正確的觀念引導民眾健康意識的覺醒，正視醫療保險的重要性。同時，我也開始舉辦單位網紅比賽。不斷在思考與創意上推陳出新，就能夠用創意帶動團隊正向的循環。在我看來，眾人眼中所謂無法突破的**天花板，只是我們將建築物繼續往上蓋的地板，而不是限制行動的極限。**

成功的祕訣無他：領導團隊邁向冠軍，玩轉創意，突破極限。設定具備一定難度的目標並且給予團隊成長進步的空間，過程中 Always in!。

如果冠軍只有一個關鍵字：那就是學習

規劃目標的時候請 SMART+2

願景的確立一定是先於目標的設定，但領導者規劃目標的時候若過於模糊籠統不夠明確，則即便願景再弘大，能夠收到的效果也相當有限。通常過於空泛的口號型目標，達成率與空泛程度成正比。於是建議以 SMART+2 法來訂定團隊目標。

所謂的 SMART，指的是由管理學大師彼得‧杜拉克（Peter Drucker）於 1954 年所著的《彼得‧杜拉克的管理聖經》中建議主管在設定目標時，應該把握下列 5 個原則，分別為：Specific（明確的目標）、Measurable（可衡量、量化的數值）、Attainable（可達成的目標）、Relevant（和組織、策略相關的）、Time-based（有明確的截止日期），綜合上述單字字首即為 SMART。而後學者據此做出延伸，認為 SMART 理論除了原先的含義，更可以增加數種意思，例如 S 同樣包含 Stretching（具挑戰性的）、A 應該囊括 Agreed（雙方都同意的）之意、R 則可增加 Realistic（符合實際的）的意涵。領導者在設定團隊目標時，可以綜合上述考量，再

加進障礙與犧牲度的評估，故稱其為 SMART+2 法則。

Specific 目標明確 +Stretching 具挑戰性

領導者所設定的每一個目標都必須要清楚明確，不應該留有任何模糊空間。比如說，本年度的目標是要帶領團隊進入高峰會，那麼必須要符合最低門檻的要求，也就是至少十名團隊成員必須達標。另外，領導者必須要考慮其所設定的目標是否對部屬來說充滿挑戰性，若任務過於輕鬆簡單，則團隊成員將顯得毫無動力且意興闌珊，反之，弱勢目標過於困難，經過衡量與評估之後，無論以什麼樣的方式或投注最高的努力程度都只能夠到勉強達成門檻，則團隊成員將毫無完成目標的動力甚至直接放棄。

Measurable 可量化的標準

因應目標的達成，領導者必須衡量其所交辦給團隊成員的任務是否能夠量化，擁有可以評分的方式，並且必須要有一套完整的量化機制才能確保公平原則。比如說，要達標需要每個成員成交多少件數的保單，是否有因應經驗或者是資歷做

出數量的調整，各自需要達到多少的保單金額，都必須要明確。

Attainable 可達成 +Agreed 雙方都同意

領導者所訂定的團隊目標，終將細分成團隊可執行的任務，而在這個階段必須考量，所有的任務並非單方向指派完畢即可，領導者應該和團隊成員相互討論可達性的佔比，並且領導者需要深入了解，無法達成的可能障礙，以及成員對於達到目標所需進行的任務需要做出的犧牲是否在其可容忍與可調適的狀態，最後才能達成了「這個目標值得一起努力」的共識，方可提升達成率。

Relevant 相關性 +Realistic 實際

倘若領導者所設立的目標太過偏離團隊成員的職責和工作內容，對於團隊成員來說投注時間與精力努力達成之後，對其本身的整體工作表現並無太大的幫助，也沒有正相關，自然執行起來缺乏動力，甚至會產生強烈的排斥與抗阻。至於所謂的「實際」，僅用於提醒領導者在設定目標的時候，將現

實狀況（包括團隊成員的能力、可能面對的障礙與可能做出的犧牲）納入考慮，以免設立出的目標過於空泛與不切實際。不僅難以達成，更平添部屬無謂的壓力。

Time-based 有時效性

對於任何一項目標的設定，領導者必須給出明確的期限，若達成目標所需的時間過長，則容易鬆懈，若達成目標所需時間過短，則會導致動機低弱或者放棄，兩者皆將造成團隊的執行效率降低。

對於 SMART，或許大家都不陌生，但是我希望領導者在訂完目標之後，在針對兩個方面進行分析。就是：訂定這樣的目標將產生何種可能的阻礙？以及，要達成目標將做出何種付出？多數領導人會忽略這兩個區塊的重要性。

比如說，要達到目標時，會產生的可能阻礙是：難纏的客群數過高，若被拒絕將影響保單成交量，或者家人對於自己投入目標的時間過高，產生情緒反彈，導致壓力過高，或者是團隊成員本身專業知識不足，以致於無法與客戶進行深度對

如果冠軍只有一個關鍵字：那就是學習

話。找到可能的障礙便需要進一步規劃調整與排解，盡可能將影響層面降到最低。

而評估達成目標所需要做出的工作，一方面是了解團隊成員除了自身能力，有沒有潛在的阻力需要克服，另一方面則是可以讓自己及團隊建立心理準備，需要在生活上或者是在家庭及作息各個方面作出調整與配合，若達成目標所需要做出的犧牲過大，可能會導致團隊成員的反彈甚至消極抵抗，所以，評估完包括公司、團隊及成員個人所有可能的犧牲面向之後，領導者需要從公司要求、目標的設立、達成的時間與成員間的犧牲程度當中，折衷出一個合理的執行方式。

成為最好就能吸引最好

　　當我們的格局在哪裡，我們就能夠吸引到相同格局的人，不管是夥伴還是客戶亦同。如果團隊散漫不積極，對於外表也不講究，那麼給人家的感受是不夠專業，這樣絕對無法吸引高端客戶的認同。同樣是販售理財商品，保險業務員往往不如理財專員吃香，為什麼？因為理專有一致的學歷，在談吐與穿著上所呈現出來的專業度有所差異。所以帶給客戶不同的觀感，當然就決定了客戶對我們的信賴度。

　　身為團隊的領導者，我對夥伴們最常強調的一句話便是：**「我們必須要有格局，格局在哪裡，我們遇見的人就在哪裡。」**有回我經過一家精品店，那是一家光看門面裝潢就很貴的店，雖然常經過但一直沒有進去過，那天剛好想看看手錶就走了進去，沒想到店員面對我第一句話是：我常看到你穿著西裝筆挺走過請問你是做什麼行業的？我笑著回她，我告訴你，你要來做嗎？當我走出大門時，我在想如果我都穿著短褲拖鞋經過他會不會這樣問我？

愛好學習的團隊文化

　　當我自信滿滿地告訴我的團隊，「我們要拿全國冠軍！」全數得到的回應是：「你瘋了！」對於這長期業績不振的單位，我所宣告的目標可以說讓團隊的成員跌破眼鏡。而對於造成這樣的反應，我並不意外，但是我依然堅定的告訴我的夥伴們：「在我眼裡，沒有不可能的事情，但是你們要用最短時間改變目前的想法，必須重新學習不同專業知識、必須改變穿著。」我不知道這段話當天它們是聽進去多少？

　　團隊文化之於團隊就如同心臟之於身體，重要性不言可喻，而領導人身為團隊文化的打造者，其自身格局的廣度決定了整體團隊專業的高度。打造專業的學習型組織，一直是我堅持的經營理念之一。因為學習可以增進團隊的專業知能，開拓夥伴的視野、提升整體的素質。所以，除了陪同團隊成員面對客戶，實際傳授應對的技巧，以平均一天陪同夥伴拜訪兩名客戶為基本，一年下來約莫五百名客戶拜訪的經驗，讓團隊成員迅速累積豐沛實戰的經驗之外，我更積極舉辦各式講座、讀書會以及規劃團隊學習各項專業，上述在長期以來皆列為我領導團隊的重點項目。雖然學習不是特效藥，並無法馬上看見成果，但是長期與團隊一起學習及成長，我發現知識教育與領導者以身作則的 input 確實會影響團隊成員在思想信念與言行舉止的 output，學習的強度與

知識的量變的確能夠使團隊成員從內而外產生質變。

在專業學習上，除了要求團隊成員必須要準時收看麥肯錫顧問公司為新人培育所研發的「新人的五十堂課」之外，我邀請公司的增員高手，分享增員的心法及技巧，也邀請公司最頂尖的會長、副會長來分享業務的行銷秘訣，對於公司開列的書單，我不僅希望員工能夠閱讀，更將作者請到現場，讓大家能夠面對面感受作者的魅力，能夠在第一時間與作者互動、請益與解決心中的疑惑。所有對團隊有利的作為，身為領導者都應該去嘗試。要求團隊成員具有格局之前，領導者必須要擁有更宏大的格局與眼界。

一名領導者是否擁有較大的格局，從其對待團隊的方式便可窺見一二。**擁有大格局的領導者體現在實際的面向就是「捨得」讓員工享有一切更好的環境、資源與對待。**團隊規劃將傳統的新人教室牆面翻新，改為新人魔法教室，為的是要讓夥伴擁有更舒適的學習環境，就如同養魚一般，要讓魚兒可以愉快地生長，就要先針對魚兒的特性，打造好適合其生長的優良環境。我永遠相信，對的人是靠吸引來的，而擁有大格局的主管，除了可以培育出擁有相同格局的團隊成員，更能夠因為團隊打造出來的氛圍，去吸引到也同樣具有和團隊一樣格局高度或具有相同特質的人才。

如果冠軍只有一個關鍵字：那就是學習

知識是階級流通的最佳工具，這一點毋庸置疑，而知識同樣也是弭平城鄉差距的最佳利器。新人的五十堂課改變了城鄉之間因為資訊接收不對等所造成的能力差異，使得所有的新人不管身處何地，都能夠擁有相同的學習資源，而對於同樣在專業知能上受到城鄉差距影響的領導者，「無差別」的學習媒材也縮短了在專業能力以及管理模式上的差距，在經驗傳承上可以與專業知能做接續，減少了培育者以及受培育者的的挫折。在這樣健全的學習系統下，團隊中的每位組成份子在專業知能及格局視野上都能得到同步的提升與擴展。而資深保險先進的經驗分享，除了能夠給予團隊成員實務上的幫助，同時也能夠激發夥伴們的動機，擺脫過於安逸的生活慣性，為自己設立奮鬥的目標。

　　除了專業，身為領導者可以建議團隊成員多學習其他各方面的知識，舉例來說，若自己本身具備投資理財的知識能力或者是多少對於多元理財工具有所涉略，即便本身沒有大量的投資，本身具備的相關知識與自身的實作經驗都能當作與客戶聊天的內容，更能夠快速融入理解客戶的想法並且在投資保單的規劃上更貼近客戶的需求。所以領導者除了自己以身作則去貼近市場，了解市場，也應鼓勵夥伴學習投資理財的相關知識，甚至進一步去考取證券相關證照，讓自己比起同業多上一份競爭力，能夠與高端客群對話，給出對方能夠認可的專業建議。

發揮熱愛分享的特質

　　此外，除了課堂上的學習，在生活中要常保學習的好奇心，多元的知識也是打入客層的必備要件。舉我本身為例，通常我進行拜訪顧客的行程中，若在咖啡廳或者餐廳與顧客碰面之後，我會多花上一點時間向業者請益，是以在咖啡品嚐上以及餐飲風味上，增加了不少的知識，因此，我能夠和客戶談保險專業內容，也能夠和客戶聊聊咖啡、茶葉，哪幾支咖啡園生豆比較好？哪裡的茶葉產區的特色是什麼？我都能深入淺出地陪著客戶侃侃而談，這些日積月累的知能靠的就是永不止息的求知慾與保持不斷學習成長的心態。每個人都能做到，只要願意學習，就能在對的時間與對的客戶進行對的談話。

　　「人」是團隊的組成要件，但**「對的人」才是團隊最重要的資產**。關於增員的歷程，像是一漏斗一般，開口越來越小，越能精準篩選到團隊需求的人才，回顧增員的過程中，除了考量 IQ（智商）、EQ（情緒商數）以及 AQ（逆境商數），最終我過濾出來的選材要件中，一定有以下幾種，包括**必須是個學習者、具備熱愛分享的特質以及擁有積極正面的態度**。數年下來，事實也證明了，具備這樣特質的夥伴，就是「對的人」，多數皆能夠在保險這個行業裡發光發熱，擁有自己的一片天。

成功的祕訣無他，打造無極限的學習型專業團隊，領導者的大氣與捨得將獲得團隊的相挺作為回報，格局的提升將帶領團隊進入更高的境界。

組織需要新血補充，專業也需要新知補強。在推動學習型組織時，若面臨新舊交接之際，難免會遇到困難，新人一時面對過多的資訊需要消化吸收與應用會產生壓力，而舊的成員則因為習慣安逸而抗拒學習改變，尤其是團隊的新舊成員各佔半數的情況下，容易產生權力拉鋸，產生學習氛圍的消長，此時領導者需要扮演的是潤滑劑的角色，協助新舊之間產生積極互動與正向的循環。

此外，經營學習型組織遇到的最大阻力通常是資歷較深的經理人，而這樣的經理人對於學習新知識是抗拒的，若組織成員中約莫有半數的人是屬於抗拒學習的狀態，而另一半的人則是積極學習的夥伴，一來會造成矛盾與差距，而來容易催化彼此的對立，面對這樣的狀況，領導者可以善用「從眾心理」來逐步改變「意見風向」。

所謂的從眾心理會讓團體意見往多數人的意見傾斜。就好像一個群體裡若有一個人往上看，並不會引起注意，若有超過三分之一的人往上看，則開始會有人跟著往上看，如果有超

135

過半數的人都往上看，則大家都覺得應該要往上看，雖然，跟隨者並沒有察覺到自己為什麼要看，也不知道大家正在看什麼，但卻會下意識地跟從所有人的行動。因此，如果領導者觀察到了新、舊成員之間有意見上的對立或者矛盾，就要善用策略佈局，將自己的人安放置群體中，讓意見風向轉換，當群體對於新的行為習以為常，就能夠降低整體的抗阻力。

以資深經理人為例，多數人一開始是對學習新知識產生排斥與抗拒的，畢竟躲在舒適圈裡還是相當安心的。但在倘若在公司或組織的要求與規定下不得不展開學習行為的時候，不管安排學習的是領導統御、還是行銷技巧與職能訓練，都會在之後一點一滴地改變原先保守固舊的思維，即便一開始尚處於不甘願地應付狀態，然而當時間拉長，學習的頻次增多，思想與觀念也將在潛移默化中改變，慢慢地這樣的夥伴會從合作光譜的左邊往右邊靠近。可以說，不僅打造個人專業能力的差異化，但也同時讓團隊的思維層次產生均質化的現象。

差異化才是致勝的關鍵

有一句大家所耳熟能詳的話是這樣說的，「機會是留給準備好的人。」多數人也認同這樣的說法，於是大家努力準備，等著機會上門。但在保險業從事多年的業務經驗卻告訴我，「機會並不會只留給準備好的人，是準備好又肯伸手抓住機會的人。」看見機會，就算乍看之下不屬於自己，也要竭盡所能想辦法爭取到自己的手裡。這才是業務的精髓。機會，是靠爭取的，而準備得越完善周全的人，抓住機會的機率就越高，僅此而已。

業務是「內化」的生活態度

曾經在一次的腳踏車夜騎活動中，我發現一起騎車的車友們在九點鐘的時候突然間不約而同地停下來休息，並且開始專注地滑起自己的手機，經過觀察之後，我發現原來他們正在進行美股

交易，滑動手指頭，正在進行大量金額的下單。試想，若將這群車友的投資平台轉換為自己的公司，所創造出的交易量與手續費將相當可觀，而我若沒有取得證照在先，便無法具備豐厚的證券相關知識，也就無法將日常所觀察到細節的迅速與專業做出鏈結，當然也無從與高端投資者進行深度的對話，這意味著沒有專業知能的我將平白錯失良機。機會轉眼即逝，準備好的人才能夠敏銳地察覺到機會並掌握機會所帶來的禮物。

若我們深究「業務」的一切特質，將發現所謂的**「業務」並不是一份特定的工作，而是一種經過不斷「內化」的生活態度、是經驗與專業的長期累積，更是個人特質與商品獨特性以及高端客戶屬性與需求的最佳交集。**若想要建立超級業務力與獲得職場上的成功，所有的一切都必須從優化自身的比較優勢與創造業務價值稀缺性開始。而打造比較優勢與優化稀缺性則要再深入了解自身能力與特性、客戶的需求與層級以及公司的產品與市場三者，找到一個絕佳的交集點，並且從學習開始打造專業。

因此，我認為保險市場永遠不缺好商品更不缺專業的業務，缺的是「獨特與一般業務差異性高」的業務。保險業務中不到10%的證券證照的比例，你是否也是其中之一？

我們都清楚業績數字並非論斷優秀業務與否的絕對標準。但

不可否認的，無論從事何種行業，只要身為業務都免不了必須要面對上司拿業績與成交量作為衡量業務力的指標。為了能夠「達標」，往往新手業務會因經驗不足而在面對客戶選擇的時候，採取完全不過濾的「海選」策略，這種方式成交機率不高，況且長此以往以這樣的模式來經營業務生涯卻會造成精力與熱情迅速的折損，因為沒有計畫「亂槍打鳥」是耗盡業務熱誠最大的元兇。

每一件成交的背後要付出的時間成本與精力支出是固定的，而無法預估必須花費多少時間與精神方能得到意圖的結果，甚或耗盡時間與精神卻得不到預期的回應，這對心力與意志不啻是一種摧殘與消磨。的確要在職場上擁有一番成就，努力是必然的，但是做出正確的選擇卻比努力要更重要幾分。若想要把時間花在精確的打點上，就要懂得善用槓桿工具。

業務的槓桿很多，其中一個就是增加自己的比較優勢、打磨自己的稀缺價值。想要成為一名好的業務並不難，但想成為一名頂尖的業務則是一種揉和信念、毅力與熱情的高度挑戰。坦白說，從新手級業務晉升到 PRO 級的業務在難度上並不高，只要投注足夠的時間加上累積夠多的經驗，便能培養出精準的判斷力，在短時間內推估出成交的機率高低。此時，豐富的經驗將有效減少「試誤」所付出的單位時間成本與體力及精神力的消耗。

面對基本的業績要求門檻，即便不到游刃有餘的境界也不構成太大的壓力，甚至多數到達這一個層級的業務也多具備有創造高成交量的能力。但若意圖從 PRO 級業務躍升到 TOP 級業務，就必須明白所謂的專業力與經驗只不過是標配而已，最大的差異在於自己是否擁有同業或同仁並不具有的「獨有的稀缺性」。

稀缺性（scarcity）在經濟學上是個基本概念，但這裡指的「稀缺性」並不是指像時間那樣用掉就沒有了的稀缺性，亦或者是指像沙漠裡的水那樣不易取得的稀缺性，而是指在擁有獨特能力的「稀少」量或者「缺少」的狀態下，具備有該項能力的人。**在任何特定的領域中，能夠成為擁有 KNOW-HOW 金鑰的人，則勢必擁有精挑細選的權利。**究竟要成為被選擇的人，還是能夠成為擁有具備選擇權的人，相去往往僅在一念之差與執行力高低而已。銳化自己成為頂尖的 10% 所需要的是信念。你有多渴望自己能夠？以及了解為什麼我們需要成為那 10% 的獨特？答案很簡單，**找到比較優勢，創造價值稀缺性，便能成為客戶心中的不可替代。**

創造稀缺性衍生出的價值

業務必須要有「精通」的能力，除了對自己的行業信手拈來，也要對自己的客戶精熟通透。必須要自己先貼近市場去了解

整體的趨勢與產品，並且能夠具備與客戶對話的能力。高端客戶之所以能夠成功與致富顯見其具備有獨到的眼光，同時，這樣位階的客層也不乏上門拜訪的業務員，我們不能期望每位客戶都能夠慧眼獨具，但我們能夠讓自己「魅力獨具」。關鍵就在於如何「創造稀缺性」。而稀缺性衍生出的價值，不僅在內容、更在服務。要成為頂尖業務的前必須先問問自己：我們把將時間投注在經營人脈與客群視為理所當然，但我們投注了多少的時間投資自己與建立自己的比較優勢？仔細審思之後，會發現兩者之間不成正比。往往投注在前者的遠大於後者，但多數人往往忽略掉的是，投注在後者才是成功的不二法門。**投資自己是永遠立於不敗的王道。**

　　保險商品的內容品項眾多，並不僅是「純保險」的商品而已，目前已有多項理財投資商品鏈結到基金及證券。多數人對於自己的理財規劃中，也漸漸從股票、基金、房產慢慢觸及到保險金融衍生商品。業務員應將眼光轉移到貼近市場需求的那一面。因為高端客戶往往擁有多項的投資工具，若「金融衍生商品」成為投資的工具，則往往能夠創造的收益超過想像。曾經有一位同仁發現某個月的帳戶多了幾萬入帳，以為公司算錯薪水，經過詢問後才發現是之前成交的某位客戶在該月做出高額的交易額，所以這名同仁當月的「被動收入」高達了幾萬。是的，眾裏尋他千百度，高端客戶卻往往在燈火闌珊處。我們無法預期何

時會遇到高端客戶，但我們可以先準備好自己。

　　除了基本的保險業務員相關證照取得之外，我強力推薦同仁挑戰證券類的相關證照。若保險業務員僅對「純保險」嫻熟卻對「保險金融衍生商品」陌生，對於一般客戶訂單的成交或許游刃有餘，但卻無法與高端投資人對話。除了要求我自己必須通過證券相關的證照，我同時也鼓勵自己的團隊成員報考相關證照（詳細資訊請參考證基會 https://examweb.sfi.org.tw/regexam/index.aspx 網站），務必成為不僅懂保險專業更懂得證券理財的頂尖業務。目前為止，公司內部兩萬七千名同仁中，只有三千名夥伴功過證照的考試，意即擁有證照的同仁不超過 10%，顯見考試的難度超越一般，但也充分能夠證明擁有證券相關證照的專業保險人才多　「難能可貴」，而這**就是稀缺性，這就是選擇權，這就是與高端客戶對話的基石。你準備好成為 Top 10% 了嗎？**

　　成功的祕訣無他：增加比較優勢與打造稀缺性，成為萬中選一的人才，高度差異化才是致勝關鍵。

梁　心　建　議

正所謂，欲戴其冠必承其重。專業證照有其相對優勢，當然也就具備一定的難度，必須付出比別人更多的時間、精力與努力去獲得。想要比別人更具競爭力，就必須要有信念，堅定地相信自己能夠達成，堅定地相信團隊能夠做到。

在保險從業人員如過江之鯽的競爭市場中，想要異軍突起，打進高端的客戶群，必須要擁有無法替代的比較優勢與稀缺性。而最快能夠做出區隔的方式就是學習，學習所增進的專業知能，可以讓自己擁有更多的籌碼拿到與高投資金額決策者對談的門票。

光有心、有熱誠並不足以讓資深投資人願意信任與交付自己的投資。領導人本身必須要有打造自身稀缺性的意識，若能夠以身作則，帶領團隊一起打造具有高度差異化的專長，成為高端客戶足以依賴的專屬投資顧問，則其擁有的專業能力將不僅是比較優勢，更有可能是無法替代的絕對優勢。

★增加比較優勢你可以這麼做：

1. 了解自己的個性與特質，找到專長與優點。
2. 了解自己可以提供哪一些「利基」，是同業或同仁無法提供的。
3. 了解自己公司商品與同業間商品的差異，做出客製化的優勢組合。

亦即，在自己的特質與專業以及公司的需求與市場趨勢間找到完美的交集。

★打造稀缺性你可以這麼做：

1 知識永遠具備力量，找到契合市場面的專業。
2 找到成為核心專業的前 10% 的方法。
3 提高在高端客群心目中的不可替代性。

亦即，針對目標族群的需求建立自己的專業能力。

・效率工作，輕鬆生活

・ 副總 108 年單位創新來頒獎榮譽宴

打造頂尖 DNA

．新屋拿到 108 年桃園盟主冠軍

第五章

如果**成功**只有一個關鍵字：

那就是實戰

5-1

攻「心」要梁計

　　攻心靠努力，攻薪靠實力，這世界上沒有任何一件事情想要成功是靠運氣。攻心與攻薪都同樣重要，但如果必須排先後，那麼攻心為首要。甚至，多數時候我們會發現，在業務領域中，能夠攻心的人，也同樣能夠具備攻薪的實力。此外，新人初踏入產業所產生的一些問題或者發生的狀況，也是領導層必須要攻克的。正所謂成功並非一蹴而可及，業績與人脈是需要時間與汗水澆灌的，團隊發展更是需要多數人共同用心經營。

五大增員梁計

說服力從開口第一秒建立

明確聚焦是增員加速器

共感與同理是最好的語言

誠意拜訪使新人無後顧之憂

輔導學習解除準入門檻限制

如果成功只有一個關鍵字：那就是實戰

攻心是最佳黏著劑

身為業務，無論是增員、快速與陌生人打成一片，期望能夠拉近與維繫客戶關係，或者是想要培養團隊的向心力，請記得「攻心至上」是不二法則。尤其是從事保險這一個行業，成交結果多數取決於人與人之間的信任程度多寡，往往只要能夠交心就會培養出交情，一旦有了深厚的友誼交談間就有交集，成交保單僅是水到渠成而已。

跳脫傳統增員迷思，掌握五大增員梁計，可保增員「快＆準」。

失敗一定有原因，成功一定有方法。多數領導階層進行增員時，在網路搜尋、電話增員以及面談階段各自會面臨不同的挫折。在此，筆者將多年的增員經驗與技巧整理成五大要點，以供夥伴們進行增員時之參考。

1／說服力從開口第一秒建立

電話一定是打得多就一定有成果，但增員的成敗，往往在開口的第一句話就決定了。你有沒有接過來推銷的電話？為什麼有時候不讓對方把話說完？但有些時候你卻耐心聽完？沒錯！差別

就在態度，雖然增員最重要的是開口，但決定結果的卻不是口才的好壞，而是明確的「語態」。

梁心建議：**你必須很清楚自己的聲音聽起來像什麼。**

打破增員的迷思，從檢視自己的語調與說話態度開始。在增員的過程中，**自始至終，由自信決定一切**。

（1）在準備撥打增員電話前，建議先**擬好話稿**，以便談話時能夠以流暢帶出自信，但切忌照本宣科，讓語調顯得生硬沒有溫度。一般人往往忽略了手寫文字與口語文字在結構上與所傳遞出的感受有著明顯的差異；因此，必須反覆聆聽修改到口語可以表達順暢的程度。

（2）在開始撥打增員電話前，建議自己先進行**錄音試聽**，找到最有自信且最舒服的語調作為範本，並反覆練習到能夠輸出穩定的語態。

（3）在撥打增員電話的同時，建議盡可能將對談的內容做重點摘要紀錄，尤其是被拒絕的理由或狀況，以便結束之後進行**分析檢視與修正**，供日後增員對談內容或者是應對方式的調整。

（4）盡可能針對常見的提問狀況擬定幾種不同的**應答版本**，以確保每次進行撥打電話增員時皆能與增員對象流暢應對，而不至手忙腳亂、結結巴巴。倘若邏輯混亂便無說服力可言，更無法展現出專業與自信。若某次的對談內容中出現相較於以往特別不同的狀況，建議務必立刻紀錄並加以註記，同時盡可能進行原因的分析與探究，再構思出較佳的回答內容以因應未來可能再次出現同樣狀況時，能夠有更好的回應與表現。

（5）倘若環境與時間允許，建議夥伴們可以先於團隊內部以角色扮演與模擬對話來進行電話增員的練習，並在事後請團隊成員進行互評與建議，寫下願意加入與否的回饋與意見。

2 ／明確聚焦是增員加速器

雖然普遍建議夥伴們可以將保戶、保戶二代、同仁二代、兼職的 CA 以及業專等族群列為增員的主要對象設定；但是，進行網路增員或撥打電話進行增員是在所難免的。增員活動的順利與否，並非從撥打電話的時候開始，而是從按下搜尋鍵的那一刻便已經開始。要迅速地找到自己要的人才，必須要清楚自己想要的是什麼。某種程度上，團隊越大，力量越大，是眾所認可的。但是實際上，精而美的團隊也可能發揮以一擋百的實力，達到小兵立大功的效果。誠如上述，**有實力的團隊不在數量，而在質量，**

怎樣能夠網羅到自己想要的人才為己所用，聚焦是最大的關鍵。

梁心建議：你必須要很清楚要什麼和為什麼。

在網路上進行增員是一個必經過程，但在網路上漫無目的的大海撈針畢竟曠日費時、效果不彰。若想要提高增員精準度，讓質量都符合需求，在動手搜尋之前就必須要花時間釐清自己或團隊究竟需要什麼樣的人才。雖然用人唯才；但是，也必須要擇才為用。因此建議夥伴：

（1）在搜尋之前，先選定一段不被打擾的時間，靜下心來**定神思考**：自己所領導的團隊於當下或者未來所需的人才取向究竟為何？是財經？行銷？或者其他有助於團隊發展的專才。若不以專才為限，又需要哪一方面的特質與特長。五次預計增員的目標總數為何？各領域專長所需要的人才共佔整體團隊增員比例的多少？依據何種原因做出這樣的人力配置？是增補團隊實力？還是未來發展需要？**思考越周延，結果就越明確，所得到的關鍵字就越精準。**

（2）進行網路徵才時，建議盡量避免以「業務」或者「行銷」等過於模糊空泛或者範疇過大的關鍵字來進行搜尋。建議夥伴以先前**聚焦思考過的選才專業作為搜尋的關鍵字**。比如此次進

行網路搜尋的目的是想針對財經或理財專業人才進行增員，那麼就可以用財經或理財來作為搜尋的關鍵字；如此一來，便能夠直接在一開始搜尋前就過濾掉非必要人選，減少時間上與金錢上的耗損。

（3）對於潛在增員對象的履歷務必詳細研讀，並擬定對話內容與詢問要點。一般在進行電話增員的時候，對話的內容與提問的要點越貼近增員對象的生活越容易打破陌生藩籬。以我本人為例，以往我會收集每位我所想要增員的對象的履歷並且詳讀，再寫出提問重點筆記。更早期的時候，我甚至還會使用印表機印出對方的履歷，用螢光筆在需要注意的地方畫記，逐一將可以作為談話內容的素材做條列整理。現在科技產品日新月異，在整理資料上更為方便，增員過程中的這個步驟是不能省略掉的，與增員對象的談話是否能夠打重要點與觸動內心，就靠打電話前的閱讀履歷功課是否有紮實做到觀察入微。切記**突破點永遠在履歷之中**，領導階層若能看到履歷表學經歷之外的點，將有助於破冰與近一步強化動機。

（4）在撥打增員電話過程中，請盡量針對自己所做的增員筆記進行關鍵應答，切莫花時間空泛聊天，雖然輕鬆聊天可以展現親和力，但畢竟增員電話的目的是要有效率徵得有意願加入保險業的潛在夥伴，摻插在對談中的聊天可以緩和氣氛但是不能讓

對話失焦；是以，要隨時注意是否保持在引導對話的地位上以及談話是否照著主軸安排進行，若偏移過多，謹記隨時**拉回對談主線**。若擔心交談過程中有所疏漏，建議用筆於增員筆記中打勾確認是否將所要表達的內容以及想要詢問的要點都在對談中明確溝通與傳遞。

（5）**不拘泥形式才能掌控局勢**。俗語說，要讓人覺得對談愉悅如沐春風，在談話時就要順著對方的毛摸。但是老實說，這並非放諸四海皆準的規則，倘若真的如有其必要，也**不排除以激將法讓對方答應面談**。在以往的增員經驗中，確實不少夥伴是被我用激將法「請」來面談的，效果也非常好。所以，無論是以什麼樣的方式進行電話增員，只要對方能夠答應約定面談，則代表的是無限的可能，都是一個好的開始。

3 ／共感與同理是最好的語言

電話增員的目的性相當高，雖然我們會期待自己所打出去的電話能夠百撥百中，而且最好打幾通就能有幾個人願意接受面談加入團隊，但是往往事情不會照著我們的期待走。初進行增員的時候，我的前一百通增員電話，就是掛零的，可以說是百發百不中。但失敗教會我們的不只是挫折，而是挫折背後的黃金經驗。百通電話的經驗教會我自信的語態是一種必須，而同理共感是最

好的語言。

　　多數人在接到陌生人所打來的電話，不管是不是大公司的增員電話，語氣上呈現的大多屬於容易產生抗拒的心態，並且在心理上展現一種高度防衛的狀態；畢竟當今社會的複雜度高過以往，詐欺與騙財事件頻傳，其中亦不乏造成傷害與暴力的事件，可以說自我保護在現代已經變成了一種本能反應。因此，在撥打增員電話的時候，除了在語氣與態度上要展現出專業的自信與熱情之外，更要能夠卸除對方的恐懼與擔心。

　　梁心建議：你必須要明確讓對方感受我們是同一國的。

　　「共感」與「同理」永遠是降低疑慮與打破抗拒的最佳法寶。業務員的共感度與同理心在電話增員的階段、面談的階段甚至於到了後續需要進行家庭拜訪的階段來說，都是非常好的破冰工具，若能夠運用得當，則將無員不與，增員亦將無往不利。因此建議夥伴：

　　（1）**「我也是」與「我懂」是最強力的軟化劑。**無論對方以什麼樣的理由提出質疑或者是拒絕加入，都要先站在認同的角度，同意與肯定對方的意見與感受。比如說對方提到因為家人反對所以不能夠加入時，我往往以自身為例，表示出自己能夠理解

對方的立場與認同其內在的感受。

（2）**以利他的角度來思考安排會面的邀約**。首次的面談地點請儘量挑選位於面談對象住家附近可以輕鬆到達的距離內之任何公共場所，諸如星巴克、路易莎或者是摩斯漢堡等燈光明亮並且空間舒適的咖啡廳、餐廳或速食店皆是較佳的面談地點，這樣的考量方式會讓對方感受到最大的方便與舒適，不僅能夠讓對方在未開始見面前就建立面談人的貼心好感，同時在會面當日並不會受到交通與時間的壓力影響，當下所呈現的的心情也是輕鬆愉悅的，而這樣的輕鬆感將有助於面談的進行。

（3）倘若夥伴在增員方面的經驗尚淺，並且尚未建立起一個周全的面談模板，建議可參考公司內部的**「增員 5 說明、增員 4 提問與增員 3 分享」**，將這些內容交叉運用於對話中；如此一來，在與增員對象的互動中既有了源源不絕的話題可以分享，整個的面談過程也不需擔心突然間沒有辦法接續而冷場。只要對方願意搭著話題聊下去，我們就有爭取對方點頭加入團隊的機會。

（4）面談之前必須調整心態，拋卻得失心才能暢然自在。多數的增員活動若順利地進行到了面談的階段，增員者往往容易因「只差臨門一腳」的焦急，而產生得失心太重的狀況。千萬切

記，**快就是慢，慢就是快**。不要因過度急切而讓對方萌生退卻之意；畢竟，對方並不是我們相親的對象，我們也不是非卿不娶或非郎不嫁的愛侶。增員不成情意在，有朝一日我們的增員對象也有可能轉化成自己的人脈或者成為潛在客戶，每一次的見面都是機會，請盡可能把握。

　　（5）**永遠記得同理並感謝對方的「拒絕」**。多數人面對拒絕都是尷尬的，尤其是自尊心強的夥伴，可能因此感受到不適。但其實，拒絕是一項好的回饋，因為當對方拋出拒絕的理由時，我們就掌握了能精確說服對方的點。對方的「拒絕」實際上幫助我們聚焦對應的內容也簡化了說服的過程。所以不要怕被拒絕，被拒絕在所難免，既然被拒絕了，請務必抓住時機扭轉情勢。

增員 5 說明

① **壽險事業願景**

② **公司優勢，包括：**

· 整合行銷（工具）

· 薪資福利（組織＋續服）

· E 化與 M 化優勢

③ **職涯願景**

④ **教育訓練，包括：**

· PFC(Post Fundamental Course)

· GTD(GROUP Training Development+ITD(Individual T

 raining Development)

· FOD(Field Observation Demonstration)

· PRP(PeformanceReview Planning conference)

· CSN(Cathay Super Net)

· 公司線上學習網

⑤ **介紹單位團隊**

■ 增員 4 提問

① 你喜歡目前的工作嗎？

② 將它視為終身事業嗎？

③ 工作可以賺足夠的錢嗎？

④ 工作有晉升的機會嗎？

增員 3 分享

① 生活方式

② 工作價值

③ 學習成長

4. 誠意拜訪讓新人無後顧之憂

有時候，增員對象拒絕加入的癥結點，並不在自己本身，而是在重要他人的立場上。可能是遭到家人反對，或者自己的另一半並不支持自己投入保險行業的選擇。此時，增員者若能徵得被增員對象的同意，能夠在對方的協助下對於重要他人進行「拜訪」，則能夠有效地解除橫梗在前的障礙，讓新人投入保險產業能無後顧之憂。既然對方本身有高度意願，又沒有了拒絕的理由，我們自然順利達到增員的目的。

梁心建議：**你必須要替未來的夥伴移除障礙。**

（1）**從見面的第一分鐘到離開，都是說服的過程。**第一眼的印象，往往對於接下來的談話意願與接受度有高度的影響。當對方家人對我們的行業不了解時，我們所營造的第一眼印象，就是最好的說服。因此，想要展現出專業與質感，請從衣著穿搭開始。當對方映入眼簾的是專業、整齊、精神與熱情，無須言語就能使對方明白接下來若自己的家人接受增員而成為團隊的一份子，未來也會成為同樣優質的專業人士。形象是無聲但有力的說服。

（2）**禮多人不怪，空手到不如兩串香蕉。**初次拜訪，展現

誠意是一種必要，空手到與兩串香蕉相較之下，兩串香蕉還是比較有禮貌，因此，請務必攜帶伴手禮，以表示誠意。若能夠從增員對象的身上打聽到對方家人的喜好，將禮送到心坎上，更是能夠讓對方感受到滿滿的誠意與貼心，自然好感倍增。

（3）依然再次強調，**不怕對方吐槽，只怕對方什麼都不講**。所以，對方提出拒絕的理由越多，我們能夠說服對方的力度也就越大。此時我們只要微笑謙和地同理對方並且認同對方的否定與拒絕。接著再以專業熱情針對問題點適時地予以分享、解惑即可。切記莫進入彼此抗辯的狀態，讓拜訪以僵局收場。

（4）**準備永遠不嫌多**。除了把自己的外表打理好，散發出專業的氣息，以良好的態度進行拜訪與溝通之外，增員者在實際拜訪之前必須要對自己行業的藍海有深度的了解，如此一來才能夠精確勾勒出願景與發展，讓徵員對象的重要他人有更具體且明確的未來展望，才能使他們願意安心支持增員對象進入保險行業奮鬥。

（5）**增員不成情意在**。若增員對象的加入意圖相當明確且心意堅定，只差重要他人點頭，增員者則盡可能多次進行拜訪，以協助增員對象早日得到家人或者另一半的認同與支持。最後提醒大家，無論最後的增員結果如何，都儘量在增員對象或其重要

他人的內心中留下良好印象與感受。所有我們面對的都可能是潛在客戶，在未來，他們也許不是團隊成員，但可能是保戶上的一員。

5. 輔導學習解除準入門檻限制

想要進入保險行業成為業務員必須要具備相關的證照（如人身保險、財產保險、外幣及投資型保險等），這是增員者與增員對象會遇到的困擾之一。很多時候，我們所增員到的成員，本身具有強大的參與意願，對未來發展也相當有企圖心與規劃，同時兼具不錯的人格特質，非常適合從事保險行業；但卻因為畢業多年，長期未接觸書本或者是本身在就學時期就是不愛唸書的學生，甚至是不擅長於考試的人。一下子突然間要對方抱起書本來努力翻讀，還必須通過相關的證照考試，恐怕心有餘而力不足。在過往經驗中，有不少人便是因此而放棄進入保險業服務。為了避免證照的准入門檻限制了人才進入的可能性，也盡量減少因此而產生的遺珠之憾。

梁心建議：你必須要替未來的夥伴補上臨門一腳。

（1）**給予對方資源上能夠做到的所有支持**。包括考試資訊的提供、準備方法的建議、教材與參考書的選擇以及其他能夠給

予的專業諮詢顧問。

（2）面談之後，若對方已經答應加入並且願意參加考試，則必須**持續關心對方準備考試的進度與過程中所面對的困難**。給予對方在精神面或者實質面上的支持。

（3）如有必要，在能力範圍所及的各個面向上，**提供公司的教育資源**協助對方準備證照考試。

（4）在考試過後，亦須**追蹤增員對象的考試結果**，以協助對方進行分析與調整應考對策。

（5）**隨心隨性但審慎評估**。若夥伴在幾經考量評估之後發現自己所增員的對象雖有強烈的意願想要進入業內服務，並且其本身之特質亦相當適合從事保險行業，但礙於能力所限制，實在無法充分理解業界的相關基本知能並且亦無法對客戶進行實際上精確的解說與適當的協助，則不須勉強對方進入團隊培訓。

攻「新」需梁方

攻「新」是管理必經之路

　　團隊需要注入新血以壯大實力；因此，領導者無時無刻不在增員與帶領新人的過程中成長彼此，為了幫助新人及早適應業界的環境並且建立專業，也讓領導者在管理上能夠順暢，在此提供管理五梁方供各位夥伴參考，希望藉此經驗分享能夠提高新人的固著率，以及降低領導者與新進人員的挫折。

管理五梁方

陪伴追蹤給予新人全力支持

建立團隊風格打造新人全方位專業形象

經驗分享與回饋是新人的成功模板

團隊學習教會新人釣魚選竿

分層定期檢視關心新人的需要

打破成規新人培育，掌握五大管理梁方，可保新人「如虎添翼」。

　　俗語說，新官上任三把火。而在保險這們行業中，則是常常上演「新人上任三天抖」的劇情，鮮少有新人能夠第一天從事保險業就上手。坦白說，任何人一旦進入全新的陌生領域，難免因為內在產生的心理壓力而感到不適，也可能因為不熟悉業務而狀況百出。因此，領導者對於已經進入團隊的新人，更是要加倍用心帶領，管理技巧越嫻熟，新人就能夠越快進入狀況。在此將過往帶領團隊與新人的經驗整理成管理五梁方，與大家分享帶領新人的技巧，讓新人能夠盡快安上翅膀翱翔天際。

●陪伴追蹤給予新人全力支持

　　對於團隊的領導者來說，責任是從增員對象踏進團隊之後開始。由於每位成員的心理素質與成長背景多所差異，在新人進入團隊的時候，領導者必須要迅速了解新人的真實個性與對事情的應對方式，包括面對突發狀況的情緒管控能力以及臨時應變能力等。同時亦必須讓新人能夠盡速了解團隊的運作模式以及建立工作專業素養；於此，團隊領導人或者資深前輩的陪伴是必須且必要的，若是直接由增員者來陪伴所增員的新進成員則是最佳的安排。

梁心建議：陪伴是最好的支持，你必須陪好、陪滿、陪到底。

（1）**陪伴是最好的支持**。團隊領導人在確定增員之後進入團隊的人數，必須要妥善安排陪伴新人的時間，最好在一週內，能夠分別陪所有的新人走過一次業務流程。

（2）**放心但不隨意放手**。除非確定新人已經能夠穩定並且具備有獨立作業的自主能力；否則，千萬別輕易放手，即便新人已經上手，依然要保持隨時關心與定期陪伴的動作。

（3）**做中學是建立信心的第一步**。團隊領導人務必盡量協助新人做出專屬的未來願景規劃，設定個人目標，讓新人從做中學，逐步建立信心。

（4）**觀察追蹤確保做到全方面關照**。團隊領導人在陪同的過程中，除了教導新人上手，同時必須要仔細觀察新人的反應，了解新人的感受並做紀錄，以供追蹤。

●建立團隊風格打造新人全方位專業形象

　　每個團隊因地域性與所處的環境而有所差異，因此各具特色。當團隊領導人確立好團隊的形象穿著與配備之後，必須要求團隊成員配合，尤其是新人，衣著是讓新人最快能夠感受到專業與協助進行角色轉換的方法。

　　梁心建議：**專業形象是最好的魔法，你必須堅持看得到的專業。**

　　（1）**衣著能夠促使個人產生強烈的團隊身份認同與專業自信。**所以，制服有它存在的必要。除了在整體上展現專業形象的力度，也能夠幫助新人迅速建立自信，因此建議夥伴在挑選與製作制服時，多方面將團隊所要展現的氛圍與特色考量在內。

　　（2）**漣漪效應使將使新人舊員都致力於形象經營。**專業的衣著除了可以讓新人對公司及團隊產生同為一份子的使命感，也同時會產生拉動效應，即便僅是對新人的要求，連帶也會影響資深員工起而效尤，因為新人都能展現專業，資深主管與前輩在態度上更是不能鬆懈。

　　（3）**魔鬼藏在細節中，專業顯露在態度裡。**務必讓新人了

如果成功只有一個關鍵字：那就是實戰

解穿搭要求的主因是為了展現專業與在第一時間建立客戶的信任感。西裝、領帶或者是套裝、高跟鞋是業務員展現專業與細心的外在展現，身著正式服裝亦必須在細節上多注意。一個在小事上無法打理好自己的人，自然難以讓人認同能夠交付其重大責任。

（4）**自律能帶來自信，自信能帶來成功**。對於形象的要求必須要堅持，嚴格避免「破窗效應」的產生。人性使然，只要有一次的鬆動，就會允許下次的散漫；因此，要讓打理形象的習慣內化產生自律的行為。只要相關場合就必須專業穿著，沒有例外。

●經驗分享與回饋是新人的成功模板

如果以幽默一點的角度來看新人的表現，那麼缺乏經驗只是新人的正常發揮而已。面對接下來一定會出現但卻無法預期的挑戰，如何迅速縮短並協助新人適應不穩定的過渡期，考驗的卻是團隊領導人的實力展現。

梁心建議：有仿效對象能夠減少試誤產生的挫折，你必須要讓新人「有跡可循」。

（1）如果情況允許，建議團隊領導人親自帶領新人進行熟悉業務的動作。若無法兼顧所有新進人員，也建議團隊盡量安排資深前輩協同陪伴處理新人所接手的服務案件，並且予以示範解說，讓新人在第一時間實作與回饋。

（2）To see is to believe. **眼見為信力量大**。建議夥伴盡量在團隊成員必經之處打造出讓新人「每天都能看見成功」的景象。以筆者所屬團隊為例，MDRT(Million Dollar Round Table)百萬圓桌會員專屬的牆面是激勵每位團隊成員衝刺業績的動力。眼見夥伴一位一位名列其上，更是讓所有尚未上榜的同仁熱血激昂，因為看見機會也看見希望，更看見成功的可能性。另外諸如同事達標之後的獎勵，必須要捨得與肯給，只要主管捨得獎勵，無論是旅遊還是聚餐都能凝聚團隊向心力，同時讓新人感受到區氛圍的良好。

（3）**系統與學習課程的健全有助新人快速上手入門**。本人所屬之保險公司內部的系統與學習課程非常健全，擁有全省同步連線的學習暢通渠道，可以弭平城鄉差距，不僅對於新進人員有標準化作業流程可以仿效，同時對於資深的經理人更有按表操課的 SOP 可以做教育訓練的範本，功效卓著。因此，建議夥伴們善用公司系統資源，若無法擁有高科技資源，也必須針對不同職階的夥伴整理出教戰守則，確保服務品質。

（4）**成功是能夠 play 好手上的每顆球**。即便榮譽與成功是業務員的熱情燃料，但是一個良好的團隊，有著比業績更為重要的成功指標，那就是均衡且美滿的生活。無法兼顧家庭與事業是大多數業務員藏在胸口的痛。功成名就之下往往是看不見的寂寞，令人欽羨的事業的高度背後可能是犧牲與家人相處時間所堆疊出來的孤獨。而在我的團隊裡，成功是屬於大家而非個人的，事業成功是可以與家庭平衡兼顧。建議夥伴盡可能設置互動平台以分享資深前輩的生活，讓新人可以看見衝刺事業不需要犧牲所愛，事業與生活是能夠平衡，讓新人可以感受到團隊如同家人，家人也是團隊的一員，自然對於投入保險行業充滿信心，無所動搖。

●團隊學習教會新人釣魚選竿

「與其給他魚吃，不如教他釣魚」是大家耳熟能詳的一句話，筆者十分認同，但是，我必須加上一句，「釣魚之前，一定要有魚竿。」而投資一把好魚竿是必須的。在保險的專業領域中，能夠釣魚的魚竿，就是所謂的 Know-How。沒有專業知識與技能，或是缺乏溝通與表達的技巧，光花時間釣魚也是徒勞。

梁心建議：**釣魚必須有魚竿，在那之前你必須要確保每位新人都有魚竿在手。**

（1）**近朱者赤，近墨者黑**。團隊的氛圍會影響每個成員的行為。所以，團隊領導人若能調整運用現成場域，打造學習環境與氛圍，讓學習變成如同呼吸一般輕鬆自然且會主動去執行的事，則將帶動整個團隊迅速成長。以筆者本身為例，基於「打造魔法教室，將新人培育為哈利波特」的理念。我將所經營的服務單位中原先運用於聚會與餐廳公用的場所，規劃成了學習教室，讓團隊夥伴學習有定位，上課有定時。一旦進入學習場域，便能迅速集中精神進入學習狀態。因為被動學習的成效永遠不如主動學習來得高，良好的學習環境能夠產生足夠的共學氛圍，帶領主動學習的動力，產生正向的學習成效。

（2）**擁有好的魚竿才能釣得起優質的魚**。釣魚需要「魚竿」是個簡單易懂的道理，但是誠實說，有時候某些特定的「魚竿」或者是含金量高的「魚竿」著實所費不貲。對於新人來說，在尚未有業績收入進帳之前就必須要先支付一筆為數不小的學習費用，著實是一種壓力。往往在填飽肚皮與餵食腦袋之間必須得要將基本生活需求放在前面考量而捨棄學習。此時建議夥伴可以考量透過「包班學習」的方式以減輕新人的學習成本與提高新人的學習意願，藉由團隊的力量來墊高新人的學習成效。

舉例來說，一名新人若想學習一門學科，可能必須要支付一期課程費用約四千元左右，平均一堂課要支付四百元的費用。若

以團體包班聘請教師到所屬單位進行授課與輔導，以六十人為授課單位，則一期課程的總共費用初估大約兩萬四千元，平均一人只要支付四百元，也就是一小時只要支付兩百元，相當划算。對於新人來說，聘請教師到班授課，不僅節省了交通與時間的成本，所需要支付的學習費用也由四千元降到四百元，大大減輕了壓力，同時，以教師到班的方式來進行學習輔導，可以當場解答團隊成員的疑問並針對個人的問題點做出更精確的指導與說明，更是大幅提升學習的成效。只需要支付十分之一的成本，卻能夠帶來雙倍甚至三倍的效益，這種「無痛學習」對於新人來說具有十足的吸引力，也讓新人找不到拒絕學習的藉口。

（3）**他山之石可以攻錯，前人經驗可以讓後人乘涼**。專業的學習並不僅限於書上的知識，在保險業中，前輩與成功人士的經驗分享，更是彌足珍貴，且其能夠帶來更大的效益。除了前面提到的保險事業經營，各領域菁英人士的成功範例經常成為新人追尋的目標，往往藉由百萬經驗的分享能夠創造出千萬的價值。曾有某位銀行經理分享在聘請專業人士分享成功秘訣讓團隊學習成長上面的獲益，使整體業績由十萬提升到四十萬，成長了四倍之多。就我本身所帶領的團隊，舉辦各式講座，除了邀請公司內部各局處經理分享業內經驗，更邀請保險以外各領域的講師及專業菁英分享跨領域知識，讓團隊隨時處在成長氛圍中，也在一年內經由同樣的專家分享學習模式，讓團隊業績成長百分

之一百五十。因此，只要是「有料」的業界菁英，再多代價我都捨得聘請，再遠我都願意邀請。建議夥伴，多安排各種領域的 TOP 講師與菁英分享成功經驗與訣竅，雖然當下也許看不見即刻的改變，但產生的漣漪與效應卻能夠久遠。

（4）**懂得怎麼花錢才能真正賺到錢**。把錢花在物質上，是一種單向的資本消耗，若把錢花在學習上，自然會產生「金錢螺旋」讓錢再以更高的獲益流回來。而學習並不僅限於保險的專業，我們所擁有的「釣竿」越多，能夠釣到的魚種就越繁。諸如證券證照的考試，以及學習如何用稅務切入高額件，成為 MDRT 百萬圓桌俱樂部會員等，都是我們可以把握的「釣竿」，都能創造出自己與其他同業的差異化，時間與金錢的投入將創造出倍收甚至數以十倍收的效益。在本人所屬的團隊中，每三名夥伴就有一名是 MDRT 的百萬圓桌俱樂部會員，這是最難的一項資格，也是最有專業實力的象徵。

這樣的「釣竿」自然能夠協助夥伴打入高階客群，爭取到更好的服務機會。此外，筆者在此亦建議並鼓勵同仁從事多元發展，將個人興趣與保險事業結合，打造出專有的個人品牌與價值。如我本身所屬團隊為例，我相當鼓勵同仁成為新一代的保險網紅。除了藉由網路與多媒體增加觸及率，讓保險商品及好處為更多人所了解，同時也能夠建立個人品牌與信任度讓增員與增緣

跟增源同步開展，更可以讓一般人對於保險業務員的生活與形象改觀。顛覆以往保險業務奔波勞累的爆肝形象，讓社會大眾知道，保險事業也可以是多元、歡樂、熱情且溫暖的專業。

●分層定期檢視關心新人的需要

團隊並非是相互競爭的組成，而是一種互利共生的存在。固然個人的業績與自身的努力及用心成正比，但所有的成員的表現都是憂戚相關的。團隊領導人的特質往往決定了團隊成員的構成，所以每個團隊都有不一樣的特色及特質。但唯一共同之處在於，若能夠以組織架構用同心圓模式發展、相互照應與層層把關，則團隊無堅不摧。

梁心建議：當下永遠是發現問題最好的時刻，你必須要隨時掌握狀況。

（1）**問題解決了就不再是問題**。因此，良好的定期分層檢視機制是必要的。團隊領導每週定期於會議時固定檢視陪同新人進行活動的紀錄，包括新人的出缺席紀錄、態度與表現、是否有如期完成功課、所面臨的問題及如何解決與因應的建議。同時導師亦須報告自己為新人所提供的協助或支援，讓其他團隊夥伴能夠同步了解這些新人所面臨的困境與提出本身所能協助的資源

建議；同時，身為主任層級的夥伴需要提出適當的回饋與提供新人能夠快速上手的應對板模。若有重大的情況需要更近一步的輔導與協助，則團隊領導者可以藉由此一機制迅速介入處理。

（2）**建立患難情誼與歡樂交集是快速了解新人的方式**。對於領導層級而言，管理之所以費力在於由各種增員管道所加入的新人多數無法呈現均質狀態，不僅在學歷高低上有差異，在性格也迥然不同，而家庭背景更有明顯落差。因此，為了讓團隊的成員都能成為彼此的最佳戰友，因此建議夥伴運用各種機會創造共事的時機與場合讓他們能體會「有福同享、有難同當。」，安排諸如各項業績或者是趣味競賽，採取混齡及混組的方式參加，同時規劃參與餐會或家庭日等同樂活動，讓不同階段進入公司的夥伴以及各個部門的同仁都能夠有機會「打成一片」。領導人更可藉此更深入觀察到新人的不同面向，以作出更近一步調整與安排的適合決定。

（3）**新人的留存和主管有相當大的關係**。往往新人的定著率高低取決於主管運用的領導風格與管理模式。通常儲備主管班皆備有與新人對談溝通及如何陪同的訓練，建議夥伴時常溫故知新。不同世代的夥伴需要不同的領導風格與做法，畢竟每一個年齡階層的成員都有不同時代的背景，都有不一樣的養成，無法以一套應萬變。對於新人要「適性教育」，而領導人也必須要有「適

性準備」的態度與彈性應變的能力。

（4）**層層出新，層層關心**。在保險產品不斷推陳出新的現在，保險專業與組織架構也越來越細分。不僅是新人需要帶領，主管也需要帶領，從一個層級到另一個層級，都是屬於新人的身份。往往會出現新人主管帶領新人，而自己也必須被帶領的狀態。因此，主管定期研修，並報告業務上的問題，由上層主管提出建議與協助是一種必須。建議夥伴，不管是帶領新人，或者是本身在新的層級上屬於新人，都應該要「如實」面對狀況，並且從中學習成長。

攻「薪」靠梁策

攻「薪」是對客戶當責的必然結果

　　一份職業的價值高低並非絕對反應在薪資的多寡，但我們往往會發現往往能夠對客戶當責的業務，便能夠得到相對的業績與薪資報酬。當兼具各項成功業務的專業素質，成交是一種必然，但卻不是一種當然。我們會發現，資深業務的成交量或許經常大於新進人員，但並不代表新進人員就不能以黑馬之姿奪冠。時間並非決定業績的主要因素，攻「薪」是有訣竅的。在這裡分享成交五梁策，讓大家能在夠攻「薪」之路走得順暢無礙，並快速達成目標。

成交五梁策

說故事永遠比說數字動人

引導主動選擇永遠比強迫被動接受有效

系統永遠是業務的最強後盾

運用ＡＩ發揮 1+N 的功效

只有保險團隊能超越保險團隊

打造頂尖 DNA

突破傳統成交技巧，掌握五大成交粱策，可保客戶「永留存」。

●說故事永遠比說數字動人

保單種類繁多，且無論是何種保單，在說明上一定會牽涉到數字或者是專有名詞。雖然用數字來講解可以快速且明確地表達出保單所能夠帶來的效益與成長，而運用專有名詞說明可以簡要地傳遞整個保單的架構與概念，但對多數人來說，數字與抽象名詞的意義實則不大，因為這兩者都遠離了生活經驗，難以想像，較難產生共感獲共鳴。在與客戶面談時，不是每個客戶都有辦法吸收與理解。

梁心建議：**講數字不如說故事，談別人的事不如說自己的事。**

（1）**相較於抽象的文字語詞，故事將更有畫面**。一旦客戶能夠想像出畫面就自然能夠讓客戶快速理解不同保險概念上的差異。所以，運用故事來代替數字與抽象概念比起精確的計算與滔滔不絕地解說要來得更有效果。夥伴們若能夠以說故事的方式來說明自己想要傳遞的內容或者是以真實案例分享來說明保單的效益，一來可以讓客戶輕鬆理解，二來容易引發客戶的共鳴而

有更高的保單簽訂意願。舉例而言，一張一百萬的保單理賠對於客戶來說，可能無法強烈感受到效果，但是若將其轉換成客戶每天所使用的物品、客戶的月收入或者是小孩的補習費用等，就會大大的有感。

（2）**相較於艱澀的專有名詞，故事將更容易理解**。一般來說，保單上的專有名詞並非每個人都能夠了解，比如 DRGS 對沒有接觸過的人而言，乍聽之下可能一頭霧水，因為不是所有的人都熟悉相關的專有名詞，所以必須要對客戶進一步講解。但是我們無法忽略一個明顯的事實就是人的注意力是有限的，若將專注力都拿來理解專有名詞或者是弄懂數字，不待整張保單講解完畢，恐怕耐心耗盡、意願盡失。

因此，同樣地，其他較為專業的保險相關用語概念如果沒有辦法讓客戶在第一時間理解，可以簡單使用說故事的方法來說明。比如說，與「稅」相關的概念對很多人來講非常遙遠，對於自身一年要繳多少種類的稅以及稅額都不清楚了，更何況是「節稅」該怎麼做，所以當我們想要表達保險的概念時，就可以用「農夫採草莓的故事」，用「葉面下的草莓」這種實際能想像的畫面來形容「保險是隱形資產」的抽象概念。從上例可以看出，好的故事沒有訣竅，只要越簡單、越與客戶經驗相關便越容易被理解與接納。

（3）**真實的故事比起生硬的文字解釋更能觸動人心**。每個人對於文字的理解力有所差異，認知及感受的程度也有所不同，往往 A 覺得很嚴重的事情，在 B 眼中並算不上什麼。所以為了達到傳遞者與接收者的共識，建議夥伴盡量使用對方的語言來進行說明；若對方是屬於鄉土派的叔伯輩就盡量符合他們的生活經驗來解說，如果是屬於學識派的知識份子與上班族就盡量條理分明地陳述。而且名人偶像的故事比不上隔壁老王的日常來得有感且真實，如果可以運用客戶所熟知的人物或者以身邊的親友故事做為真實的案例分享，則更能夠讓客戶感同身受而觸動購買保單的動機。

●引導主動選擇永遠比強迫被動接受有效

根據稟賦效應，人們對於自己所選擇命名的物品，在價值感上的認定會高過於其他，而人們永遠對於自己所主動選擇的事物認同感也大於被迫接受的選項。所以，在與客戶對談時的重要技巧之一，是引導客戶做出主動決定，而非洗腦客戶產生被動選擇。

梁心建議：**慢行快到，善用引導式的對談，讓保單簽訂水到渠成。**

（1）**引導客戶理解自己的需要是成交的第一步**。不談保險但能談成保險的訣竅在於讓客戶了解自己的需要以及保險的重要。多數人不想購買保險的原因在於沒有深刻體會到自己的需求，尤其是對於健康的年輕人來說，疾病及意外很遠，有多餘的金錢寧願拿去購買名牌或者是吃高檔餐廳，對於自己想要過什麼樣的生活並沒有明確的概念。因此，建議夥伴可以使用引導提問的方式，在與客戶聊天的過程中協助規劃未來的願景與生活，再從中建議因應各個階段需求的保險商品。保險商品的重要性在於能夠確保客戶過上理想的生活並且將風險降到最低。

（2）**引導客戶因應生活需求調整客製化的保單**。即便是現有的客戶，也會因為本身年齡、工作收入、家庭環境等因素變動，而有不同的保單需求比例調整，但多數客戶往往不會主動察覺生活模式改變保障也要因而調整。所以，建議夥伴定期針對現有客戶進行關心與「需求」了解。若客戶本身有調整的必要，即便有適合的新產品可供直接建議，仍盡量以引導的方式來對客戶進行認知說明，慢慢將將保單的購買與調整引導到與需求相應的面向上。比如說，客戶的孩子正值上小學的階段，且客戶本身或伴侶面臨轉換工作跑道的時機，夥伴可以在詢問了解個別特殊需求之後，加強引導其失能、意外以及實支實付保險的重要性認知。若客戶預算有限，可協助進行保單檢視與調整，最後引導客戶「做出自己最想要或最需要的選擇」。

（3）**引導成交結果由顧客主動選擇**。引導式的對談永遠比強力的灌輸來的有用，不需要急著在當下讓客戶了解全面的保險概念，當客戶能夠認同一個觀念之後，對於業務專員所提出的下一個觀念的接受度就相對提高。因此建議夥伴，將保險商品內容做出重點整理，再細向切分，結合急迫性、必要性、及慾望與需求做出設問，讓客戶一層一層理解與認同，最後將決定交由客戶選擇。比如說，實支實付很重要，但是客戶卻沒有實際感受到重要性，此時就能用 DRGs 診斷關聯群（Diagnosis Related Groups）係一種住院支付制度，是將醫師診斷為同一類疾病、採取類似治療的疾病分在同一組，再依病人的年齡、性別、有無合併症或併發症、出院狀況等再細分組，並將同分組的疾病組合依過去醫界提供服務之數據為基礎，計算未來保險人應給付醫院之住院費用，此種支付方式又稱「包裹式給付」。

用例子說明，並設立引導式的問答。如遇到雙腳骨折皆須動手術的情況，因有 DRGS 的限制下那麼在沒有其他保險給付的狀況下一次只能進行一隻腳的骨折手術，而另外一隻腳的手術必須要等幾天再進行，你願意等嗎？做完手術後，如果只有健保給付，僅能選擇健保給付的鋼釘還是需自付費的進口鋼釘比較耐用，醫生會問你願意選擇那一種？這就是保險有實支實付的重要性了。一層一層引導提問，讓客戶從中間了解到保險的重要性，比大聲呼籲一百萬次保險很重要來的更有效果。最後且最重要的

是，放手交由客戶自行主導成交的結果。當客戶認同了所有的環節與保險的重要性，產生購買意願，往往成交只是水到渠成，此時建議同仁須留意自己的態度，莫見獵心喜，而施加無謂的壓力。僅需「順勢而為」，提出符合客戶的保險產品供選擇即可，無需替客戶進行最後的結果決定。

●系統永遠是業務的最強後盾

面訪的最終目的是成交，但身為業務員始終要把責任放在成交之前：業務員的責任是協助客戶減少風險。但儘管立意良善，業務員難免必須面對無法說動客戶窘境，其中的問題癥結點並非出在專業能力或者是客戶關係上，很多時候，是因為「聽」與「說」之間沒有辦法產生「共鳴」，再加上個別差異與先備能力的差別，單純用語言進行說明可能無法清晰表達出對方想要知道的訊息，想當然爾，適當的表達技巧在溝通上相當地重要，此外身為一名優秀的業務員更需要了解有哪些有效的外在「助力」可供說明產品時援用，讓客戶能充分完整了解保單規劃的重要性與效益。

梁心建議：務必善用公司的系統，讓系統優化客戶訪談與保單成交的服務過程。

（1）**系統是保險業務員最強力的神隊友**。公司的系統是業務員最好的支持，團隊夥伴若能善用公司所提供的系統與資訊，將有效地提升業務員的專業度，並且能夠讓客戶擁有更清晰明確的理解架構。以本人服務的公司為例，由於公司成立的時間久且體制健全，在系統上的研發堪稱業界數一數二，所開發出來的行銷軟體專業度亦高過一般水平，故業務同仁在進行保單說明與陌生開發時，系統所提供的強大支援：諸如業務整體規劃、B-BOX行銷法寶、風險排排看、抓寶趣以及 321+1 保藏圖、I-RICH、28000 天等活潑互動軟體皆能在與客戶的互動中發揮臨門一腳的助攻，具有神隊友的功效。因此建議夥伴能夠多運用並協助同仁練習嫻熟系統工具所提供的軟體與策略。

（2）**疫情時代 B-BOX 行銷法寶提供破冰三招**。除了有「互動開頁、輕鬆開聊」的軟體協助業務同仁與潛在客戶進行互動。疫情時代，往往不大容易約到客戶面談，所以，業務員必須要嫻熟電子工具以及各種社交媒體的使用。但多數能言善道的夥伴，在面對「非實體」客戶時，難免有種熟悉的陌生感，總是不知道該要怎麼開啟話題，又或是不知該怎麼順利聊下去，此時建議夥伴可以善用系統所提供的 B-BOX 行銷法寶破冰三招來進行疫情時代的客戶經營。其中第一招就是，先放下緊張的得失心，只要抱著先聊聊吧的心情將各種獨門秘方傳給客戶，與客戶保持定期連繫即可。但是資訊傳遞出去之後，還要繼續運用破冰第二招，

在沒有壓力的聊聊分享之中，偶爾穿插分享官方防疫資訊與客戶權利，並適時針對客戶個人的背景來關心客戶的生活與健康。接著運用破冰第三招，簡要分享相關保險商品的理賠權益與保障。簡單三招便構成了堅實的行銷循環，環環相扣，讓業績不受疫情影響。

（3）**搞不定的一切由系統搞定**。團隊夥伴在進行業務開展的時候，往往在客戶服務、準客戶的開發、電話約訪、需求分析、建議書計畫以及說明促成等面向上面臨大小不同的困境與挫折。舉例來說，嫻熟客戶服務的同仁，在準客戶開發的領域可能很挫折；而電話約訪經驗豐富的同仁們，在面對需求分析上及提供建議書計畫等方面，能力可能相對薄弱。說明促成這一關更是天份、努力與經驗的最佳集合。

沒有人是文武兼備同時又各項兼通的，幸運的是，業務同仁所搞不定的區塊，現在都可藉由系統協助完成。即便是頂尖業務員，也能夠藉由系統的輔助，補強較為弱項的部分，成為全能高手。比方說，資深同仁可能在經營客戶關係上經驗非常老道，但對於數字或者是邏輯上不是太能夠順暢表達；新進同仁在保單嫻熟度上經驗不足，無法在第一時間迅速判定客戶的缺口是治療前的重大疾病傷害、治療中的住院保險理賠、意外保險理賠、手術以及實支實付，或者是治療後的壽險及長照險種等，此時藉由系

統可以同時針對客戶的原有保單以及需求進行比較做出最專業的建議。夥伴們僅需要做出簡要說明與細部問題回答即可。系統支援時代，僅一台 IPAD 便能輕鬆掌握所有。

● Ａ Ｉ 能 發 揮 1+N 的 功效

工欲善其事必先利其器。體制健全良好且具規模的保險公司多數在系統上非常完善，同時也致力於開發資訊軟體工具以協助團隊夥伴在對客戶解說保單的時候能夠更詳盡完整且無遺漏。AI 人工智慧是現在的科技趨勢，同時也是業務員的最佳助攻。AI 資訊工具可以發揮神助攻的效果。

梁心建議：**讓主力軟體成為主場ＶＩＰ。**

（1）**使用 B-BOX 翻轉數位行銷。**功能強大的數位產品能夠使業務員在與客戶進行溝通的時候如虎添翼。以本人所屬公司所開發的「B-BOX 軟體」為例，在發掘客戶面對問題的部分，有「提問」、「傾聽」、「聊聊吧！」等互動軟體，以協助業務員輕鬆拉近與客戶間的距離。同時「保單健檢 321+1」更能幫助客戶了解現在手上所擁有的保單是否有缺口。而「抓寶趣」及「風險排排看」，能夠進一步檢視需求、風險與保單是否有調整的必要，最後「智能推薦引擎」能夠結合上述所有的要件，提供

如果成功只有一個關鍵字：那就是實戰

解決問題及需求的最佳方案。有了「B-BOX 軟體」讓客戶可以體驗互動，夥伴們不再需要舌燦蓮花，只要嫻熟運用軟體，依然可以成為保單成交王。

（2）**當產品與需求產生鏈結，則能促發購買慾望。了解需求與風險，抓個寶、排排看就知道**。個別客戶的差異大，每個人所面臨的需求皆不相同，必須真正了解客戶需求，才有辦法將客戶需求轉化為實際的精準解決方案。以本人公司研發的軟體為例，「抓寶趣」能夠讓客戶在輕鬆且無壓力的模式下將需求明確釋出，此時再藉由「風險排排看」的軟體結合需求進行分析，發掘並萃取出客戶的實際需求，近一步解決客戶的痛點問題。建議夥伴可以個別運用或者結合「抓寶趣」與「風險排排看」兩大軟體，針對個別不同的客戶進行分析，讓客戶可以明顯看出不同風險下自己的需求與保單的內容。一旦需求與產品鏈結上，無需行銷，客戶的購買慾望隨之油然而生。

（3）**選擇障礙不再是無法決定的理由。產品百百款，智能推薦一次滿足**。因應經濟結構轉變與時代進步需求的調整，保險產品推陳出新，因此產品種類繁多。B-BOX 的「智能推薦」服務提供給客戶個人化專屬的規劃與方案，不僅幫業務員省下比較各種保險商品的時間，還能夠藉此展現專業。由於「智能推薦」軟體運用了大數據分析，可以依照相同年齡與性別提供公司的熱

賣商品組合，因此保戶可依自己的預算或實際需求進行「無痛選擇」，而業務同仁亦能因此輕鬆完成專業的建議。如果智能推薦的商品組合在當下無法滿足客戶需求，同仁依然可以利用「顧問推薦」的服務軟體來替客戶量身打造最合適的保險商品組合。只要善用，AI能夠發揮的效益超乎想像。

●只有保險團隊能夠超越保險團隊

一般來說，保險客戶的經營，多數落在陌生開發與口碑介紹。不過，若能一對多進行曝光，觸及率及效果可能更甚於一對一，或者一對少數的對談來得有效率。因此跳脫舒適圈找到行銷新藍海，是保險團隊的新挑戰。

梁心建議：團隊參與所有與保險相關的重要場合，進行動機促發與產品分享。

（1）**講保險需要前先植入需求**。需求的產生不一定是被動等待時機到來，我們可以創造需求的時機，坐收其利。因為「需求」是可以被植入的，單看如何巧妙運用。許多青壯年人可能覺得自己離被照顧的階段還很遠，保長照險很多餘，而許多老人家覺得自己的身體很硬朗，保長照險實在沒有必要。但是這些族群可能在經過老年保健講座的說明，或者是在參與老年照護志工活

動之後，因為深入了解老人疾病的種類及身體功能衰竭之後導致的生活痛苦，而萌生了購買長照險的需求與慾望。

另外，由於許多人缺乏理財觀念，認為將所得拿來支付日常生活開銷就阮囊羞澀了，完全處於一種「沒有財不用理」的狀態，沒有購買保險理財商品的需求；而有些人覺得投資基金或股票可以獨立購買，保險理財商品沒有其必要性，但是類似這樣的族群可能在經過幾次的理財課程或理財規劃經驗分享之後，產生了購買理財商品的需求。所以，建議夥伴扭轉直線行銷的方式，採用逆向思維，多元參考，先創造需求再談成交。

（2）**所有的場合都是最好的場合**。就廣告行銷的效益而言，廣告所激發的感受必須要與產品產生鏈結，以刺激消費者購買。而以創造需求的角度來看，所有的場合都是保險行銷的最佳的場合，關鍵在於能否看出其中能與保險產品連結的那一點。建議夥伴盤整商品的針對要點，並鏈結需求與周邊活動會場，爭取主辦或協辦相關活動與講座，讓來參與的聽眾由潛在的需求客戶（尚未有需求或需求薄弱）進一步提升到具有購買商品需求的潛在客戶（產生需求或需求堅定）。

比如說筆者所領導的團隊，陸續安排辦理勞工權益的說明會、健康講座以及永安青年體驗園區突破自我極限的挑戰活動

等，讓各個項目的準增員對像在體驗與學習後，能夠進一步產生需求被強化的效應，進而衍生出想要了解相關保險商品的慾望。

（3）**不行銷的行銷是最好的行銷**。讓團隊的品牌精神被自然地看見就是一種不行銷的行銷。建議夥伴安排時間，讓團隊走進校園、踏入公益領域服務。保險團隊能扮演的角色不僅是保險行銷團隊，可以是熱心的社區志工團隊、也可以是有活力的故事媽媽團隊；當然，也可以是長青健康俱樂部的樂活助手。人生不受限才能精彩體驗，團隊不受限才能影響力無遠弗屆。

不管是何種類別的活動參與都能夠讓團隊的合作精神、熱情活力與專業素養迅速被大眾所看見與感受。透過各種不同的優質活動參與，保險團隊不需要強調自己的團隊有多優秀，就能夠讓潛在客戶感同身受高度的服務熱情與品牌精神，對於團隊的認同感將倍增；同時，由於有共同的經驗與了解，在有所需求的時候也會第一時間想到與該團隊聯繫。建議夥伴依照團隊精神與經營理念挑選相符的活動參與，除了可以凝結夥伴共識與團隊默契，最重要的是讓大家見識到保險團隊的無限可能性。

每一份成功都是專屬的，每一份經驗都值得學習，經驗的傳承與分享可以快速縮短嘗試錯誤的時間。所以，針對攻「心」、攻「薪」與攻「新」這三方面，筆者就自身十數年的實戰經驗，

整理出以上五大「梁計」、五大「梁方」與五大「梁策」供大家
參考，相信讀者能從中找出適合自己的模式，解決職場問題。

· 單位入圍 108 年 MDRT 高達 28 人 / 佔率 33%

新屋戰將 組織破百 組織123 全國第一

- 我帶領新屋 2 年突破百人突破紀錄

企管銷售 47

打造頂尖 DNA
用冠軍思維縮短成功的捷徑

- 作者　　　梁家銘
- 主編　　　彭寶彬
- 美術設計　AJ

- 發行人　　彭寶彬
- 出版者　　誌成文化有限公司
　　　　　　116 台北市木新路三段 232 巷 45 弄 3 號 1 樓
　　　　　　電話：(02)2938-1078 傳真：(02)2937-8506
　　　　　　台北富邦銀行 木柵分行（012）
　　　　　　帳號：321-102-111142
　　　　　　戶名：誌成文化有限公司

- 總經銷　　采舍國際有限公司 www.silkbook.com 新絲路網路書店

- 出版 /　2021 年 4 月 初版一刷
- ISBN /　978-986-99302-3-9(平裝)　　　◎版權所有，翻印必究
- 定價 /　新台幣 300 元

國家圖書館出版品預行編目 (CIP) 資料

打造頂尖 DNA：用冠軍思維縮短成功的捷徑 / 梁家銘著 . -- 臺北市：誌成文
化有限公司 , 2021.04

208 面；17×23 公分 . -- (企管銷售；47)

ISBN 978-986-99302-3-9(平裝)

1. 保險行銷 2. 職場成功法

563.7　　　　　　　　　　　　　　　　　　　110005922